YO SOY FILÍ MELÉ
OBRA POÉTICA

MARÍA ARRILLAGA

YO SOY FILÍ MELÉ
OBRA POÉTICA

EDITORIAL DE LA UNIVERSIDAD DE PUERTO RICO

Primera edición, 1999
©1999, Universidad de Puerto Rico

Catalogación de la Biblioteca del Congreso
Library of Congress Cataloging-in-Publication Data
Arrillaga María.
  Yo soy Filí Melé : Obra poética / María Arrillaga. -- 1. ed.
    p.   cm.
  ISBN 0-8477-0308-8 (pbk. : alk. paper)
  I. Title. II. Series.
PQ7440. A72A17   1998
861--dc21   97–26595
                                                CIP

Ilustración de portada: Myrna Báez
Tipografía y diseño: Ninón León de Saleme

Impreso en los Estados Unidos de América
Printed in the United States of America

EDITORIAL DE LA UNIVERSIDAD DE PUERTO RICO
PO BOX 23322,
San Juan, Puerto Rico 00931 - 3322

Administración: Tel. (787) 250-0550 Fax (787) 753-9116
Dpto. de Ventas: Tel. (787) 758-8345 Fax (787) 751-8785

Contenido

vii

ix
.
.
.
.
.

xi

.
.
.
.

Invitación a la poesía de María Arrillaga

Para Gamboa,
en la frescura

Al abrir este volumen, querida lectora y querido lector, has accedido al espacio de uno de los discursos poéticos más controversiales de los últimos tiempos en Puerto Rico. Incomprendida y elogiada a un mismo tiempo, la poesía de María Arrillaga ha logrado lo que se popone: un lugar visible y vigoroso dentro del complejo panorama de la literatura puertorriqueña actual. Textos como el siguiente han llegado a ser una marca distintiva de la poética arrillaguiana:

Dice el pez
El lagartijo trepa la pared de vegetales
anunciando el nacimiento de un poema:
Falta la luz, falta el aliento, flota el cuerpo.
Llévame a la finca mi papito
dice el pez a la culebra de la calle
sentado bajo el árbol de la higüera,
las patas abiertas sosegada.
Ven a chuparme el semen,
a tocar con dedos delicados
la periferia del clítoris.

1
.
.
.
.
.

Lame el dulce néctar de mi boca,
enamora abeja el lagartijo.

Todavía está casi reciente la polémica que se suscitara en los años ochenta con la publicación de *Frescura*, libro de donde proviene el poema citado. Críticos incautos, acostumbrados a una poesía de factura más clásica y tradicional no entendieron que la poesía de Arrillaga sigue muy de cerca la propuesta de corrientes literarias contemporáneas ejemplificadas por poetas tales como Ernesto Cardenal, José Emilio Pacheco y Olga Orozco. Familiarizada con el canon latinoamericano que valida la poesía conversacional y la disonancia y prosaísmo como estrategias artísticas, Arrillaga ha hecho uso del elemento erótico con un alto grado de efectismo con el cual capta la atención de lectoras y lectores para entonces develar el tema de la liberación del ser humano, centro solar de su obra.

No surge de la nada esta poética. Arrillaga comparte el legado del *continuum* literario femenino isleño con poetas de la talla de Alejandrina y María Bibiana Benítez, Lola Rodríguez de Tió, Soledad Lloréns Torres, Clara Lair y Julia de Burgos.

La obra de María Arrillaga ofrece un perfil de avanzada. No sujeta a referencias de grupos generacionales, su poética se ha mantenido como solitaria flor, afín a aquella "rosa deslumbrantemente verde" que ideara Evaristo Ribera Chevremont.

Esta obra poética, experimental y arriesgada de principio a final, aguanta varias lecturas. *New York in the Sixties*, su primer libro, escrito en inglés, anticipa el *corpus*, a desarrollarse en años venideros, de libros que ofrecen testimonio de la experiencia de la diáspora *portoricensis* en la gran manzana. Cabe destacar, empero, la singularidad de este texto pionero de Arrillaga.

New York in the Sixties no recoge las vivencias producto de la emigración o de orígenes humildes como sucede en *Puerto Rican Obituary* de Pedro Pietri o *Cuando era puertorriqueña* de Esmeralda Santiago. El libro rebasa la exterioridad de la experiencia marginal para plantearse firme dentro del derrotero espléndido y caótico de una ciudad que en una época cambiante invita al crecimiento. Este libro tiene dos referentes principales. El primero, de su misma época, es *Down These Mean Streets* de Piri Thomas. Su fuerza, conmoción y ánimo de transformación rondan *New York in the Sixties*. El deleite del deambular callejero por el intrigante mundo de experiencias límites conforma el re ferente del futuro. Nos referimos al libro *Concierto de metal para un recuerdo* de Manuel Ramos Otero.

New York in the Sixties inicia la corriente de afirmación de lo femenino en el tejido social como razón de ser de la poética de Arrillaga. La hablante adquiere un *bildung* o conocimiento primordial de lo que significa ser mujer y poeta. Desde el título del primer poema, "I a Child" hasta el último titulado "Of Age at Last" se percibe el crecimiento que experimenta la voz femenina emergente:

Of Age at Last...
Enclosure of nature
the circle of ourselves.
Green power, the beads,
the roundness of yourself.
Where I increase in life,
out of myself, to you.
Your taste becomes me,
so large, so small,
dilating, unfolding.

3
.
.
.
.
.

Cheese, red apple,
in the sweet mystery,
like steel,
of a shining cupola
straining among leaves grown old,
the memories of a perfect spring,
of age, at last, a woman grown.

Este *bildungsroman* lírico que es *New York in the Sixites* da paso a varias exploraciones de fondo donde la hablante poética amplía su búsqueda de identidad. El proyecto percibido estriba en poner sobre el tapete las múltplies variedades de la experiencia femenina para rescatar y redefinir posiciones. Aparece la mujer en su entorno social y emotivo con todas las contradicciones morales, sociales, religiosas y hasta épicas que esto supone. Aquel "otro modo de ser" femenino por el que abogaba Rosario Castellanos es precisamente de lo que trata la poesía de Arrillaga.

En su segundo poemario, *Vida en el tiempo*, María Arrillaga regresa a la expresión en la lengua española de su infancia borinqueña. Aparecen aquí versos donde asistimos a la proclamación de la condición de igualdad de la mujer:

Yo soy un ser humano que funciona

Yo soy un ser humano que funciona.
Extiendo mi lengua hacia las plantas
y me enamoro de las hojas.

Yo soy un ser humano que funciona.
Hace poco contemplé una ceiba todo el día
y en sus raíces vi la humanidad entera (desnuda).

Yo soy un ser humano que funciona
A veces me tiro sobre el césped
y permito a la yerba que me ame.

Yo soy un ser humano que funciona.
Siento la sangre correrme por las venas
y lo que significa mi cuerpo en el espacio.

Yo soy un ser humano que funciona.
Trabajo todo el día
y de noche me como las estrellas.

Yo soy un ser humano que funciona.
Yo soy un ser humano como todos los demás.
Yo soy un ser humano que funciona.
Yo soy un ser humano que funciona.
Yo soy un ser humano que funciona.

Esta mujer que se concibe como "ser humano" y como ente "que funciona" es un individuo, un sujeto y no un objeto como tradicionalmente se la ha considerado en parte en toda la literatura universal. A la sensibilidad de "comerse las estrellas" se añade el ser una persona como todas las demás sin excepciones ni tratos especiales.

Cascada de sol y *Poemas siete cuatro siete* son dos libros de poemas de los años setenta. Estos poemarios comienzan a cultivar el tono de desparpajo tan característico del discurso poético arrillaguiano en el cual la mujer se regodea en lo suyo y descubre su autosuficiencia a ultranza. Veamos estos versos de *Poemas siete cuatro siete* en los cuales se puede apreciar la solidaridad humana ante la celebración de la vida:

Se celebra la vida

Se celebra la vida
en unas bambúas
al lado de un caserío.

Se celebra la vida
en este lápiz con punta
que escribe dolor.

Se celebra la vida
conversando con la gente que no entiende
aunque se le diga la verdad bien clara.

Se celebra la vida
en el perpetuo cansancio
cuando las ideas van a parar al subconsciente
por no poder acogerse mejor.

Se celebra la vida
en los bellos ojos de un niño
en una casa pobre que no es pobre.

Se celebra la vida
en el tic tac del reloj
cuando nos da la gana
de escucharlo sin miedo a la muerte.
Y
Pues así, por eso, por fin -celebremos todos-
cada cual añada, participe, viva,
ponga aquí de sí
para terminar este poema,

para sí,
A q u í:
Se celebra la vida.

También de los años setenta son los poemas intercalados
que fueron escritos por Beatriz Echegaray, la protagonista de la
novela *Mañana Valentina* y titulados *El amor es un periódico de
ayer*. Estos constituyen un homenaje a las tantas poetas que no
tienen acceso ni a toda la técnica escritural que implica escribir
poesía en serio, ni a los escasos espacios para la publicación de
la literatura escrita por mujeres. Hasta cierto punto este persona-
je o esta autora inventada a través de la ficción novelesca mere-
cería la clasificación de heterónimo al estilo del poeta portugués
Fernando Pessoa en la medida en que difiere radicalmente del
estilo de María Arrillaga, poeta culta y extensamente publicada
en Puerto Rico y en el extranjero. El título, proveniente de una
canción de salsa del desaparecido maestro Héctor Lavoe, paro-
dia su subtexto. Como en las jarchas de antaño, también de
entronque popular, aquí es la mujer satisfecha, y no el hombre
malhumorado, la que se lamenta de la ausencia de su amado.

Agunos poemas del más reciente libro de Arrillaga, *Yo soy
Filí Melé*, rescatan personajes de la infrahistoria entregándonos
la preocupación política con la que se entronca su quehacer
literario. El poema "Felícita/Filí", por ejemplo, recrea la trágica
anécdota de Felícita Cancel Ramos:

...joven puertorriqueña, de veintiocho años de edad, murió
en un choque, el lunes 12 de septiembre de 1988, mientras
era perseguida por la policía, luego de que se le acusara de
robar ropa en una tienda por departamentos. Felícita era
drogadicta. La policía disparó varias veces contra el vehículo

7
.
.
.
.
.

que conducía Felícita. En defensa, Felícita impactaba autos a
su alrededor, hasta el golpe final que la dejó sin vida.

Felícita en su acepción de Filí Melé (famoso personaje feme-
nino de la poesía de Luis Palés Matos) sabe exactamente lo que
hace:

Felícita/Filí
Tu valentía, coraje y belleza encarnó en Felícita, Filí.
Amaba el orden.
Pulcros, nítidos, felices descansan los juguetes.
En su anaquel erguidos y bien puestos pregonan su cariño:
–Felícita/Filí–
Ofrecen testimonio de tu amor.
Tú eres Filí.
El mundo de tu niño es el orden de tu vida.
Vale cuidar el orden, Filí.
Cuidar.
Cómo cuidar el desamparo de Filí.
Es hermosa Filí.
Se atavía y engalana como Istar
como parte del orden de su vida.
La transgresión es orden para ella
porque responde al orden de su vida.
El orden de su vida es un acoso
burdo, primitivo, cruel en demasía y, desde luego, desigual.
Felícita/Filí alucina a veces que el orden de las cosas sea
                        feliz.
Filí ha amanecido hoy pensando alucinada
que la víctima –que siempre carga con la culpa– merece
                        defenderse.

Filí inicia su carrera hoy,
carrera de muchos siglos por llegar.
Filí transformará el orden de su vida.
El torbellino de choques que acaece marca el respeto
                                        ansiado
hacia un orden nuevo.
Ha llegado Filí a la dignidad.
Lo violento del acoso la impele a trascender.
Con Filomela vuela
intacta la garganta para el canto.

Este poema reescribe la crónica periodística desde los límites del poema analizando la necesidad de orden para una mujer alienada por la sociedad y su medio como lo era esta víctima que se defiende como mejor puede frente a la deliberada represión policíaca. Reescribe, asimismo, la imagen de Filí Melé como mujer ideal, según la concibiera Palés, y rescata sus orígenes en la antigüedad como mujer victoriosa no empece su infortunio.

Toda la *Obra poética* de María Arrillaga que se ha compilado completa por primera vez en este volumen y además ha sido fijada por la autora, es la evidencia de la construcción de una identidad lírica a través de treinta años de un trabajo poético ininterrumpido. Este fragmento del último poema de *Yo soy Filí Melé* así lo evidencia:

Puedo, debo pensar que puedo,
escribir algo cada día.
Como una hormiga
construyo mi vida
de papel a papel.

9
.
.
.
.

Al extender esta invitación a las lectoras y a los lectores de pasar a indagar por entre las líneas de estos poemas hay que hacer una advertencia. Esta poesía comunica la vitalidad de una sólida hablante lírica que sabe muy bien que el límite de todo poema es una experiencia como huella o fósil que se recoge y se transforma en materia estrictamente textual sin perder la perspectiva de que la inscripción de la historia está siempre presente en todo proceso creativo.

Adelante, pues, pasen, porque están, como quien dice, en su casa.

Daniel Torres, Ph.D.
Ohio University

New York in the Sixties
1966-69

There in a city, they are not so much new as themselves: their stronger, riskier selves. And in the beginning when they first arrive, and twenty years later when they and the City have grown up, they love that part of themselves so much they forget what loving other people was like-if they ever knew, that is. ... the City is what they want it to be: thriftless, warm, scary and full of amiable strangers.

Toni Morrison,
JAZZ

I a Child

*Vibrating
pulsating light
burning over
the liquid clay
colored belly
fruit of my
father's memory.*

At the Beach

Children eat the mangoes,
the perpetual penny mangoes
so good with the salt of the sea.
Fathers play a game of cards.
Mothers bask like lazy whales.
Dark skinned man with deep blue eyes
climbs the coconut tree machete in hand
forbidding and patriarchal.
Sends them down so plentiful,
like the wrath of God,
-thuds arrested in the soft white sand-.
Dark skinned man slides down
in beautiful circular motion,
lands among the children.
Raised machete catches the sun,
The coconut splits, water flows.
Top of fruit becomes a spoon
for the children to scoop out the meat.
Children soft and tender
from the salt and from the sun
close their eyes. Let them dream
of the Pirate Cofresí.

Town

–The feast of La Candelaria-
Bright lady with a golden crown
moves among the crowd.
Heads covered with white veils,
silver medals hang from necks,
with innocent display of faith.

13

The town is out to be seen
and to believe.
The street is silent except for
murmur of prayers,
smell of candles.
A voice breaks out, invites response:
Viva la Virgen de la Candelaria!
VIVA! VIVA! VIVA!
Vivas are heard
by the chickens in the farm
and by the fish inside the sea.
Later on the children spill
to the ferris wheel,
to the merry-go-round,
circles of marvelous pattern,
ever changing noise, laughter
and cotton candy made cool
by strawberry piraguas.

Country
–Memories–
Of a wooden barge
from town to country, to the land.
Of a cat gone mad.
A girl cries under a coffee tree,
laughs again under the blinding sun.
Up the hill
children in their Sunday best
on horseback, proud.
Mothers sit fathers drink
among a backdrop of trinitarias.

Missouri
Fall

We climb the lovely mountain, happy.
The world is white, snow framed by
crimson sky.
Laughter of lovers.
Wonder.
The race back, wild.
Snowflakes, stream, a water fall...

The world has changed.
It has passed.

Ah, the color in the changing leaves!

Naked in New York

He gave me all
I did not need.
He made me a prisoner
to find my labyrinthian way
without a key
except my soul.
To be free
I will walk naked
and leave the penny behind.
There is no wealth
except what makes us
children of the night
free to roam around
in the cold wind
as we reborn
children of the day.

Summer Scenes in Lincoln Towers

A man in the Australian bushland
hangs whiskey corks from his hat
to scare away the flies.

Hail in August
over a view of steel
and flickering sunset lights.

Wine bottles will pile up
until love comes back again.

Sunflowers in Bleecker Street

Sunflowers
in
a purple
vase.
A
rocking
chair.
A
woman
waiting.
Ah
the
color
in
the
changing leaves!

Birds

She walked
through Bleecker
and Greenwich.
Ladies in
elaborate hairstyles,
haute couture dresses,
made up faces.
Men in suits,
glasses, briefcases
looked strange,
unhappy, unloving.

A child
looked at three birds.
In the morning sun the birds were happy.
The child said to her mother:
«Look mommy, look at the birds:»
Child, mother, birds, were happy.

Oh Purity!
In a tranquil state of enjoyment
whatever we need
will be given to us.

Deo Gratias

From a small
orange yellow
enamel baked
bowl
rises
a cluster
of small
green leaves
glistening
in the sun
exquisite
pink flowers
a crown
for the leaves.
Through
the leaves
transparent
I see
an earthen
colored
building.
It is a nice building.
It has windows
and it has people.
I thank my life
for good people
and for
lovely begonia plants.

Coney Island Grey

Grey sand stationary.
Grey sea beats upon the shimmering rock
of frozen salt off season.
A myriad of empty life,
the shells,
with their own beauty,
dionysian feast
where we drink bitterness away.
Dream of the texture of creatures
of the open sea.
The liquid flavor aesthetic
that brings drowsiness
to see a gilded bike
full of gold leaf flowers.

Sweets and Buttons

Silver apple
silver pitcher
silver candy dish
dry martinis
sweets and buttons
live on these.

Sleep
He talked himself out of desire
intellectualizing carnality
and the woman fell asleep.

The Peacock
The pregnant pigeon
complacently
spreads its wings
becomes a peacock.

Glow
Dirty hands
making love
bathed in sunshine
glow.

Shalimar
Smell of Shalimar
all over the house.
Rainy day, good for sleep.
Music, rain, quiet.

Lilac Incense Sweet

Parvin the beautiful one
delivered of a son
–Lilac incense sweet
dream of Persian gardens–
Do not fear the distance of love.
Your hands full of power,
a flower gives birth to the sun.

Lovely mare of alabaster
faith is born of isolation.
You will stroll through a green meadow
grass grows tall
but does not hide
the faces of our loves.

Peer deeply
watch the pacing to and fro
He will come to you and love.

Little Feet Cold

Little feet cold
cold little hands
early morning
looks for warmth.

Little legs wrap
around my pubic hair
Little hands press
my nipples
one rises
the other collapses
Fascinated
stares into my eyes.

The bed becomes a pool
in which we play
She, a woman
I, a child.

Discover each other's warmth
there is no man
but there is warmth.

24

The Naked Child

Leaves straining for light
an angel flying
a butterfly.
A naked child
over the city landscape.
Purple winged angel,
yellow butterfly
as the ribbon in my hair
touching the straining leaves
the movement of your hands
radiating color
of purple birds
and yellow flowers
a garland for our love.
The color speaks
of hope and life long knowledge
the humor of the universe
seen from this chair
this window.
Over the city landscape
a naked child.
From you, the magic of your hands.

In a Children's Playground

Tompkins Square Park

Three girls play
in a children's playground.
The ball goes up
to the trees,
up in a branch
a stationary squirrel.
Down and up
up an down
the blinding sun.
The ball
a pattern of straight lines.
Three forms of joy
are the hands.
Cupped.
Waiting.
Eyes happy
follow
the triangle moving.
Down,
the rough cement
warmed by the afternoon sun
the triangle recreates itself.
The three, they sit,
loving.

26

To a Black Child on the Staten Island Ferry

Lovely
child
in
patent leather
little shoes
with
a bow.
An orange corolla
with a dark center
glowing.

Winter

Long winter
without silence, without sound,
the crazy vibrations of the city
music needs silence to be heard.

The little boy wears no socks.
—Daddy, daddy my toy is dirty!
—Doesn't matter son, so are your hands.
—Let's go home, I'm tired.
—Mommy works week-ends so we may
eat.
We'll buy ten bushels of potatoes
up in the Bronx.
We'll carry them to the farm
and we will live.
Don't worry son, there is space
in this country.
I know there is.
I can't hear my own music.
There is no silence
too many crazy vibrations, son.
Next month, at the farm
we will survive.

The day was sunny.
Through the city park,
the space of the poor,
they walked
father and son.

The Stars Are Shining

The city a cave of stuff known, unknown.
The streets are boxes full of surprises.
Walk and know.
Look: Above, below,
the stars are shining.

But in the midst I see the blood
of senseless wars being fought
in ignorance of what we need
in the guise of comfort the power struggle
the power of a particle of dust
the deadly elaborateness of civilization.
Let us not wait for peace.
Let us make peace.
Walk, don't run.
Everywhere the stars are shining.

I Held the Music

I held the music on icy hands.
I held the tumble of our shapeless love
as I held the movement of the toy
tossed to the air by a grown man.

I sat
above the crowds
watching
the day
go by.

My beauty went out to you (nowhere).
In a cup of coffee, the sadness of my
heart.

To a
Folksinger

Money grabbing souless city
Fight, fight against the wall.

My fondest dreams come true
wither my cock.

Reality not like hope
Fruition is a bitter apple
with a worm that says hello.
Toss it away, play, play,
the music of success
burnt forest waste.
The sound of momentary expression, good.

My blood runs freely.

Pick my toenails, wait.
Shacked up, no go.
Songs of supreme happiness
or discontent.
Go to the beach, love.
Wide open spaces
lost my soul
the streets, the rooms.
Girl over the ironing board sulks.

Away to the sand and the fire
beautiful body of a man
the maze of cells alive
a grown up embryo still
feel the coolness of my hand
touch.

Your cock like Indian pudding
good, clean, smells so sweet.

In a quandry unknown
Close the book, tear the syllogisms
reason a man eater from Brazil
forest hot and green
where are thy hidden treasures?

I look forward to it
eat you up, eat me up
nervous orange spurts into my eyes
spill the seed
all over me
Pretty jelly like the sea
wiggle the little fish
see, all over me
so big I choke
so close as people
we live the same.
Make your world
in the multiple orgasm of yourself.

Your eyes intense
a blind man is a seer.
Gather the rod
to the temple go
ask the oracle about cercariae.
Crouch beneath the willow tree
ask the wind
the long haired apparition
like a sheaf of corn.

Close your eyes
see, in the steam there is a swan
kiss the wings
watch the prince break loose.
Take his hand
into the forest go
row in the dry leaves
watch the colors dull
the leaves desintegrate
like peanut brittle.

Take the oil, mark your forehead
lie down by the parking meter
and be known.

33

Ant

Ant like Salome
Here I am
I indulge myself
My head caught in a revolving door
Salted toast, lemon tree
She knows
She doesn't know
Fun to play games
I don't play games
I hurt my toe
So nice to look at the rain
Roll down the curb
Watch the puddle
Nice to sit on the sidewalk
I like to see the tea cool off
Drives her crazy.
They'll put you in a straight jacket
Black candle melting
Wax, nice
Why did you melt my record?
Teach her music
I really love her
Pudgy little girl
Rat
Hidden goddess
Awful blouse
Wants it
Needs it
Pleasant dreams.

Like the Clatter of a Drum

The night is full of piercing noises,
shrill voices scattered.
Rain beats down upon the windowpanes.
From upstairs unwelcome music,
perpetual moving of furniture.
Cars collide inside the livingroom.
Footsteps fall upon the sidewalk
like the clatter of a drum, lonely.

Monster

Why the pain?
Why so sad?
Cool night cool my thighs
I must away
My mind a ferris wheel
Salt upon my body hurts
W A L K, W A L K, W A L K.
I want to fly.
But you can't fly.
I want to fly.
Why pain, why?
Can't break out
Hard wall high.
Come inside, lie with me
Not inside, out, outside
Break loose
Unravel the chain
Too tight, hurts
No peace
My tooth aches
Inside my mind an apparition
Christ a monster
with no head
Big head
Too many heads
A beautiful tatoo by a red bulb
Lie with me, sleep.

A Crooked Cake, Delicious

Peering through the blinds
a touch of dawn
first opaque hint
of life without.
Dirty cloudy morning
invites wandering
life within to break out,
to see, to merge, create,
alive to be.

Cold, too cold for Spring.
A purple scarf that comforts,
like silk the roughness.

Coffee black, buttered toast,
the festive counter teems with people.

A crooked cake
as the Morton Street lamp post
stands erect, delicious.

Soap flakes spread around
by a battered, tattered hand
turn to grass, compound of dirt,
and trees and birds.

The trees hold first prom corsages,
tiny imitation flowers that are quite lovely.

Young leaves gather in ribbons
in spite of their ageless knowledge
of scattered bird calls.

37

Early dog walkers enjoy the open space
while the animals smell one another
and a man follows a woman
to find out she is not quite his ideal
                    of beauty.

Cross the street, to the pier, one gets greedy.
A car was traded for sandals.
Achilles knew about transportation.

Young men watch me munch while
                    apples cold
melt in my mouth.

It's easy to get hung up on the morning,
even a cloudy morning
with no hope of sunshine.

On Becoming a Flower

Smell
I smelled the lovely white flowers
and became a flower.

Touch
Crystals more beautiful than
            earthly diamonds
were delightful to the touch.

Color
Silver feathers sparkled.
An infinite variety of white
that glowed as white can never glow
was falling from the magical soft blue,
like dew.

Taste
Water falling pure and delicate
was sheer ecstasy to taste.

Sound
You took me by the hand
and ushered me into the morning
with the tinkle of a bell.
It was a private sound, new,
for we made the sound
as we made the morning.

Beauty
The limit is infinity.

There are no watches,
only knowledge
and power to seek all things.
For creation never stops
and the beauty is ever with us.
Ah wealth of globed peonies!

The Jelly
Doughnut
Was the
Length
of the Block

The jelly doughnut was the length of
      the block.
Walking in slow motion was easy.
Nineteenth Century houses beckoned.
I cried Open!
reliving exquisite hospitality
where people sitting
in high ceiling rooms
would be gracious,
open.
No one opened.
I smiled and walked into an adjoining field
where grass was being born.

Dreams over the Hudson

Garbage barges caterpillars in the
                starry night
Undulating full of sorrow
As a tadpole in grey soup
Penetrate my entrails
Fed by waste of broken chairs.

I am no more than a living bone
A snail wanting caviar
Drowning in champagne bubbles.

New York State soaks in the woods.

Eat the grass
But don't become a tree
Too cold winter.

Finger tips like kissing sparrows
White magnolias exquisitely scented brain
Veined diversity turned tranquil
Cock robin on a perfect tree
Involved threads that make you gasp
Shake in awe at the stillness of creation.

Flesh deep soft pulsating knowledge
Hands vibrate like the strings of a guitar
Made live by children's dreams.

42

Washington Square Park Landscape

Plastic cane hurts my thighs.
I wish to be, free, to live.
The golden sheaf of a pregnant shell,
I found a way to place my bed.
From a sultry power plant,
the gaudy windows of a slum,
tempt the poor into oblivion.

I a Goddess,
worshipper of sun,
moon, and stars,
am weary of human sacrifices.
If we must bleed, let us bleed
in the name of beauty,
of a field of columbines
where in contemplation we become,
as multi-colored birds filling the sky.

A woman needs a man
not to complete
but to reflect the lovely separateness
of the human condition.
Water lilies breathe a certain knowledge,
envelope us with softness.

The coolness of a drop of water
in mid-summer.
Feel the stream, touch the tree.

A pidgeon perched in absolute stillness
framed by rain as feathers.

A black architectural garland
of roses a quaint arabesque.

Sweet grace running out into the world
like rain in diagonal movement.
Shapes uniting the breath of life,
the smell of sunshine about the forms
                    we touch.

Paradise regained the city park,
seen by a young girl from Columbia:
Everyone wants to be, to do their thing.
Yes, it is beautiful in that sense.
The happy hunting grounds
where shamelessly wide eyed we look
at men crowding the benches.
One can choose
a nit wit or a Robin Hood
and touching with a flower
bring the treasure home to share
                    one's lunch,
to once more go and perch
forever in the fountain.

Goldfish on the Upper West Side

Reminds me of one of those things
French women use to clean themselves.
A bidet?
Yes.
Black one likes me best.
Shadowed pussy willows.
Pretty wicker baskets
Watch the beam
Yes.
I'm so happy, so happy
perfect happiness.
Yes.
Swing, swing for nervous people.
Yes.
Look out the window and see.
Yes.
I like you too.
You look so drawn, darling
Yes.
Six feet ivy plants
chinaman nice.
People take care of you.
Yes.
I don't want to be a woman
They are not talking about us.
We just are.
Super duper banana split
like a kid.
Yes.
What do I have to love?
A fountain.

Yes.
It's so pretty here.
Kiss the goldfish.
Yes.

On Eighth Street with an Apple in Your Hands

Young man so beautiful,
so beautiful you are.
Down trip, on Eighth Street,
with the people.
Catch a pigeon.
No candy.
Follow through the maze
with an apple in your hands.
Thanks.

Golden Children of Washington Square

Paper boats sail in the ashes
of forgotten cigarette butts
the smell of rain
the city park a dark deep forest
where apparitions of people
crying for bygone lovers
merge with the branches.

Water pours forth an ecstasy
of loneliness that does not hurt
but accepts the wandering
for in the circle of the fountain,
and the branches, and the puddles,
lies the world
to which the golden children return
in the circle of the sun.

On Perry and Fourth, a Fountain of Life Eternal

He stood on a street corner
a young god
Michaelangelo's David come alive
swaying in the wind
the wind himself become.

Power made beautiful
in joy and peace
the glow of that moment
a fountain of life
Eternal.

Where Stags are Born

My lover lies a multi-colored bubble
in the womb of the sun.
He lies in stillness, lives in silence,
the word no longer haunting him,
himself the word.
So in his dream he contemplates his mind
the mind, the light, the sun, a father kind.

He lies in Persian beauty, a nightingale,
the paleness of his skin like alabaster
containing valleys dark and sweet
where stags are born, miraculously,
in perfect beauty unexpressed
to tread among the soft pink flowers
as feathers touch the air of our dreams,
        in love.

My lover lies, a golden child, the poet of
        my soul.
We burst the bubble and walk among
        the demons
in love with our own world, a part of all,
unafraid, the children of the sun.

He gives me tulips red and glorious yellow.
We walk like music among the swaying
buildings, in love.

Like a Chambered Nautilus

Power made concious
like a swallow
a chambered nautilus
To love more than oneself
is to love oneself
The movement of your lips in ecstasy
life knowledge of birth born long ago
My thighs unfold
to cool your eyes oblique
Unrealized sensuality
the world becomes
The hat a ritual game
you touch your soul
fingers bejeweled
beguile, embrace
those dormant curls
the fire of your hair
in love
You were not meant
to walk.

To Live
the Day
as Night

For to love you sweet
we must live the days as night
the night as all
no days, but life, a life, ourselves.

To share the tree
in rain and sunlight.
To watch the resurrection of the leaves
green, oh lovely green!
bouquets of amber green.

For to love you sweet
we must live the day as night
the night as all
no days, but life, a life, ourselves.

And Our Joy Shall Be the Joy of Flower Petals

And our joy
shall be the joy
of flower petals.

Scatter them
my breath
to the four corners
of our bed.

A legendary field
where honey grows
to make us one.

Unity of bee and flower
flower
bee
the two of us.

The wisdom
and the folly
that converge.

May dance
in the center
of our universe.

May rain
wipe us clean,
of our unselfish greed.

Our love
basking
in moonlight

Water beads
the stuff
of dreams

The life
is in our hearts,
waking,
in sunlight.

Central Park Fairyland

Beneath a tree of pink paper flowers
hands become confused
the instant of creation
new lovers.

A crown of tiny doves
a single blade of grass
penetrates a lovely peony.

Elaborate pattern of raindrops
created upon a bicycle wheel
Colors of nickel sugar candy
wanting to be preserved.

I want a fairyland for you
Flying over the buttresses
the dragon of flashing knives below,
sadness of sparkling broken glass.

Young boy with one leg
searches for love
Asian babies on the street
look in sweet defiance.

We believe in peace
taste the leaves of Spring.

Touch my Hand

Look at my hand
The forms of nature
dormant valleys lying still
Ripples of water
winding rivers
the circle of cascades.

I touch the clouds
as soft as powder puffs
I dream of udders
bursting with milk
The elemental sweetness of sucking.

I walk in woodland beauty
behind an ultra modern housing project
where young couples dream away
sitting on vinyl.

Strawberry punch creates thoughts
                of myself
I touch, without fear, and it feels good.

I love myself so I may love you
Love never dies, it multiplies itself
Touch my hand, hold my hand, take
                my hand
It has the character of life.

Do not
Be Afraid

In the multitude of cities
the momentary pleasures
become
accepted, exulted, sanctified.

But the agony of being
But the individual flame

Do not be afraid my love
Come
Let us make the world run.

Of Age, at Last...

Enclosure of nature,
the circle of ourselves.
Green power, the beads,
the roundness of yourself.
Where I increase in life,
out of myself, to you.
Your taste becomes me,
so large, so small,
dilating, unfolding.

Cheese, red apple,
in the sweet mystery,
like steel,
of a shining cupola
straining among leaves grown old,
the memories of a perfect spring,
of age, at last, a woman grown.

Vida en el Tiempo
1970-72

Primer premio
Ateneo Puertorriqueño,
1974

Porque ya no se puede crear más

Las palabras se vuelven cuentas
y las camándulas permanecen junto al río.
El rosario de la aurora no se oye
y camino sobre cuencas.
Con pie de pájaro o de tortuga,
los pies sucios
de tanto andar descalza,
de tanto andar caminos.
Construyendo al paso
(porque ya no se puede crear más)
nuevas realidades junto al caos
de lo soñado,
de lo vivido,
así ligero, así tan lentamente.

Yo soy un ser humano que funciona

Yo soy un ser humano que funciona.
Extiendo mi lengua hacia las plantas
y me enamoro de las hojas.

Yo soy un ser humano que funciona.
Hace poco contemplé una ceiba todo el día
y en sus raíces vi la humanidad entera
(desnuda).

Yo soy un ser humano que funciona.
A veces me tiro sobre el césped
y permito a la yerba que me ame.

Yo soy un ser humano que funciona.
Siento la sangre correrme por las venas
y lo que significa mi cuerpo en el espacio.

Yo soy un ser humano que funciona.
Trabajo todo el día
y de noche me como las estrellas.

Yo soy un ser humano que funciona.
Yo soy un ser humano como todos
los demás.
Yo soy un ser humano que funciona.
Yo soy un ser humano que funciona.
Yo soy un ser humano que funciona.

62

Huyó mi vida de mí en otro suelo

Huyó mi vida de mí en otro suelo,
en ligeras alpargatas de otro tiempo.

El tiempo me aprisionó en su hora,
las horas como aritmética larga, en años.

Años que volviéronse pasado,
pasado que sin ser mi tiempo se hizo mío.

Viví mi vida en el espacio,
en los espacios múltiples de gravedad
        y sueños.

Gravedad de realidad con sueños
        del momento,
momento de la carne y del espíritu.

Huyó mi vida de mí en otro suelo,
con civilizaciones opuestas en
        planeta fragmentado.

Del tiempo de mi tierra en nada

Navega por los aires esta nave,
del tiempo de mi tierra en nada,
hacia el frío mar de gotas de helados
algodones
de nubes que en cavernas al monstruo
    va escoltando.

La sombra de la nave en el perfil
    arrecife viajero
se dirige al país de las tinieblas,
tiempo muerto.

Sopla el viento frío sobre el hielo
y el pensamiento cálido de la Isla bella
se retrae, aterra,
mas se apresta como siempre hacia
    la lucha.

Revoloteo de aves perdidas

En las calles de Nueva York la gente
    bosteza.
En las calles de Nueva York la gente
    hace muecas.
En las calles de Nueva York la gente
    habla sola.
En las calles de Nueva York la gente
    se mira,
    se cruza,
    se siente
    y
    no se detiene.

Las vibraciones del monstruo se sienten
en las medias sonrisas
de los días
medio de primavera.

Debajo de las calles de Nueva York,
    en el metro,
la gente se sienta en las esquinas
    y bosteza,
    hace muecas,
    habla sola,
    se mira,
    choca,
    se estruja,

se frotan involuntariamente los sexos
y como fieras pacíficas en jaula sufren
la torpeza de la ciudad de hierro.

En los parques de Nueva York
duermen los vagabundos.
Sobre sus cuerpos
brincan los niños
la cuerda floja
de los suicidios.

En el Parque Central
las focas juegan,
los niños sueñan
en los juguetes de a medio peso.
En los estómagos se forma un bollo
de pretzels,
popcorn
y carousell.

En las ventanas de las viviendas
gente enjaulada
mira hacia el cielo.

Sobre los ríos,
la vida,
revoloteo de aves perdidas.

Poesía

I
Poesía es emoción,
asombro de la vida,
cascabel que rompe el ruido de los tiempos
y de los silencios.
Angustia de muerte
y luz de todas las mañanas,
como columpio que suena el aire
o un niño solo que muere
o un héroe solo muriendo.

II
Poesía es un sillón,
y lo que siente un hombre pobre.
Es un cajón donde se come
el escozor de la amargura cotidiana.

Es una perla preciosa
una mujer en cristal
que refleja las imágenes
de este grandioso convite
de pan y ojos que miran
el universo crecer.

III
Es la luz de la ciudad.
Soñar, que ya pronto volveremos a
San Juan.
Que como perros mordiéndose
volveremos a querernos.

67

IV
Es la sangre de los besos en la noche
cuando mi última energía
desea la poesía
como amante fiel que me acompañe
al lecho del descanso.
Y entonces la palabra encarna.
Junto a mí el ritmo de las voces
de todos los tiempos levantadas
de los hombres y mujeres que clamaron
para que no haya corazones solos.
Porque en medio del dolor y del terror
hay voces compañeras pregonando
el sueño.

Cuento de hadas

No debo decir que es un cuento de hadas
     color de rosa.
Hadas son mentiras encarnadas
como conejos dentro de un sombrero
     de copa,
como un reloj dentro de un vaso
     suspendido en el espacio
como acerolas fuera de su tiempo agrias.
O como el ritmo seco y frío de las calles
primavera desgastada en las esquinas
     del Village,
ciudadela de la imaginación
     que no descansa.

De tus pinturas sicodélicas, Isaac.
De tu locura-cordura, Clara.
De Estefanía con su niña negra.
De Cathy con su capa.
De la esperanza de los viajes en burbujas
     de colores.
De una camisa bordada para un hombre.
De los juguetes de Mariana,
     mi niña arrebatada.
Desde el vientre las montañas a través
     de tu senopecho
abre el ritmo de los hijos de la nada.
Y los teléfonos como gallos cantando
     de madrugada.
Es el camino hacia San Juan en el tiempo
     de una historia maga.

69

Woodstock, 1971

Árboles sin hojas,
nieve,
reflejos de luz de sol.
Al fondo hay una cabaña.
El campo se ilumina de pisadas.
Los perros juegan,
retozan con placer de libertad
en aire helado.
El marco de la escena
es la montaña.

Los ritos del hambre-amor

Le falta pan a mi cuerpo.
Me ahogo en el abismo de este río
que sale de entre mis piernas
desde mi vientre que se fertiliza solo.
Y corro loca con la energía de este torrente
mientras no viene nadie a quererme.
Y paso mundos donde los pobres esperan
que les venga el pan de cada día.

Ellos y yo nos hablamos.
Nos decimos que pan es pan
que si nos falta somos pobres y oprimidos.

Y trazamos círculos con agua amarga
              de la tristeza,
lanzamos ondas hacia el espacio,
los ritos del hambre-amor.

En nidos de pájaros que nacen

Esta mañana pensaba hilar poemas.
Esta tarde luché contra mi mente
con imágenes distorsionadas
en la agonía de su belleza,
por las líneas que se caen
en las vibraciones de la imaginación.
Pensé de nuevo hacer poesía
de lo más simple como pirámide,
como mis periódicos atrasados
que capturan la atención.
Y vi una cara desnuda
como la soledad de nosotros,
como mi soledad alegría.
Y al perfil de aquella hoja moviendo el sol,
mi pelo largo, tu pecho dulce.
Y salgo a comprar baklavá a la vuelta
          de la esquina
mientras los ángeles se caen y se rompen.
Y me voy para el trabajo.
De regreso veo la luna, la media luna,
          la loca luna,
de la ciudad sin estrellas,
de la ciudad helada,
de mi cuerpo ardiendo,
de mi corazón muriendo
en las calles de luces abstractas.
Desde el dolor de todo lo soñado que
          es mentira,
de todo lo vivido que es pasado,
del presente que duele hasta la muerte,
del futuro que es un niño malo

que se rompe como los ángeles se rompen.
Al final de la calle veo la sangre
de amapolas ensartadas en nidos de pájaros
            que nacen
desde el dolor de nuevos corazones.

Margaritas en Greenwich Village

No sé si tengo hambre,
si salgo en medio de la lluvia fría,
a comprar un hamburguer
o a comer comida china.

Las margaritas valen a peso
y yo tengo treinta años.
Es miércoles de ceniza,
en el Village.

Mirando por la ventana,
veo los sueños que no llegan.

¡Qué hermosas son las piedras!

¿Dónde fui?

A la espera, esfera, de lo que no es.
Entre tazas de café hay que ser valiente.

Me abrazaré al sonido

Me arroparé.
Me entregaré al Miedo.

Olvidaré mi nombre
y a mi amante a quien me entrego.

Me abrazaré al Sonido,
(aunque ya no oiga)
para volverme Sombra.

Contemplaré
a mi hermana la Locura con el Miedo,
mi amante ya olvidado.

Y me pondrán por nombre, Soledad.

Presagios

Afuera la luz del día,
calor del sol,
olores y presagios de verano.

Descanso,
como carne fría,
un vaso de vino,
pan con mantequilla.

Me recuesto a oír la música,
a sentir el aire
que invade mi pelo suelto,
mis hombros desnudos,
y a mirar las postales de mi Isla.

Reinos escondidos

Remendando esquinas impregnadas
de piedras multicolores,
tropezando por los baches
bordados de diamantes,
va la muerte.

Anda en busca de la vida
su amor que no le corresponde,
su amor que se le esconde
y se encubre en piedras lisas
que sonríen desde el río,
en bambú, guajana y en la palma
hacia el gemido del alma de la noche.

Y bajo las piedras hay reinos escondidos
de cuerpos disolviéndose en la arena,
en los bejucos y calabazos, en las estrellas
de mar.
Y los cangrejitos salen de cuevas
al mismo tiempo que las estrellas
que alumbran
desde sus ojos luceros
a los caballos de mar,
mientras la piel cambia colores
por el placer del amor en nuestra variedad
de razas,
con la semilla que se esparce por todos
los rincones
mientras la muerte desespera y a la vida
no la encuentra.

Lares

En el principio hizo Dios este mundo
　　　　de montañas
Se acordó de mí desde la nada
al pensar el detalle de árboles, en la cima
　　　　el horizonte,
de los planos y colores de las hojas,
　　　　de las ramas.
Vio la luz desde mi ojos negros y dijo
　　　　al cielo:
«Hazte azul por la mañana, por la tarde
　　　　tórnate encarnado
y habrá en el misterio una cruz blanca y
　　　　una estrella blanca
para el mar azul del estandarte de una patria.»

Quiso Dios que las montañas se tornaran
　　　　en acero.
No, quiso el hombre.
Y la tierra se hace dura, la hace dura,
　　　　la hace amarga.
Del cemento al ruido,
los cambios-viajes de una humanidad
　　　　perdida,
la patria se pierde en la amargura del todo
　　　　y de la nada.
La montaña original se vuelve lágrimas.

Pasa mucho tiempo cuando después de
haber dormido ya despierto.
Los edificios los cambio por árboles.
A los árboles desnudos en este frío del exilio

le faltan hojas, las hojas de mi patria.
Y recuerdo el nombre Lares. Y veo el azul,
        el rojo, cruz y estrella,
y las lágrimas desaparecen
en energía para volver a la luz de mis ojos
allá en la montaña-pueblo,
con las manos de una humanidad que
llega desde el laberinto, encontrada.

Jayuya

*Sobre la piedra escrita
me vuelvo
materia
del pasado.

Soy tierra o árbol
palpada
por las manos
de otros tiempos.

A Julia de Burgos

Luego de ver un retrato suyo de Carlos Raquel Rivera

Sobre la espuma de tu frente, Julia,
cuatro niños se encaraman,
y juegan a hacerse grandes
dibujando en arabescos blanco arena
sus cuerpos como delfines
moviéndose entre las rocas.

El pintor te hace un cuadro,
reina nuestra de las aguas,
pintándote en piedrecitas
de todas las formas patrias.
Y los niños en tu forma,
junto al mar arrebatado,
bailan creando ilusiones
del arrabal encantado.

Y yo asombrada del mundo de mi Isla,
en el asombro mágico al despertar
al mundo que es mi Isla veo,
que las cosas que se hacen en la vida
no son sueños.

Entre los cafetales

Quiero saber
cómo se mueve tu sombra,
cómo estas nubes mansas
van a parar a tu tumba.

Quiero encontrar
mi sangre entre tu sangre,
mi corazón entre tu espíritu.

Hay un amor
que yace entre la tierra,
que está siempre ahí
viviendo con mi vida.

Mi vida tuya junto al río
y entre los cafetales
sepultados por la caña.

Por ti
no quiero que mi vida acabe.
Pero al morir,
contigo quiero estar,
mi padre.

Nocturno

Estoy cansada como la espuma
como zuecos vacíos rondando el agua.
Las gotas rascan el rascacielo.
Frente al balcón, la noche en calma.
Los grillos cantan sueños de orquídeas,
de olores tibios como tu cara.

Nocturno encanto de cascabeles
imaginados en el sonido
a flor de estrellas.

Pájaros
sin sombra

Quisiera estar en un sitio donde no impere
        más que el silencio.
Pasar el día mirando el pasar
        de los pájaros,
esperar las estrellas, esperarte a ti junto
        con ellas.

Me alegro de estar aquí junto contigo,
la punta de mi lengua besando la punta
        de la tuya.

Sentirte penetrándome moviéndome yo
        tan libremente
al compás de las aguas del tiempo.

Me imagino cantos de jilgueros que nunca
        jamás antes había oído,
mientras el resplandor oscuro va creando
        aleteos de pájaros
sin sombra.

Mi ternura fue locura

Me has hecho olvidar mi cuerpo
con la mezquindad de tu beso frío,
con tu signo de no pase.

Mi ternura fue locura,
el orgasmo en el cerebro.

No importa, no he muerto.
Me duele el pecho,
mi corazón deshecho,
me duele todo el cuerpo.
Los puntos de mi alma sangran
golpeando tu signo de no pase.

Con el tiempo,
a la vera del camino,
detrás de aquel signo impío,
un fantasma me decía
que en el terrible camino
de tu signo
nada pasa.

Un libro en el rincón

Yo no sé por qué,
me conmueve un libro
que tocaste y dejaste.

Tus manos llevaste
a otros espacios,
al desperdicio
de la belleza.

¡Qué pena sentir el sol
y tener el alma fría!

Ya no...

Ya no es el amor lo que era antes.

No puedo ya adorarte, porque
                    eres hombre,
tan hombre como yo mujer.

Ya no es el amor lo que era antes.

No puedo ya extasiarme en tu presencia,
pues sé que pasarás.

Ya no es el amor lo que era antes.

No puedo reflejarme ya en tus ojos,
mis ojos han visto el fondo de la vida.

Ya no es el amor lo que era antes.

Sin embargo, puedo:

Extasiarme ante el tiempo de momentos
que juntos creamos y vivimos.

Y quiero: Que mis ojos desde el
                    fondo digan
que puedo ser tan tuya como soy tan mía.

Porque es que amor, ya no es el mismo
                    que era antes.

Viernes santo

Y veo los cordones levantarse,
los entretejidos cordones de la luz alzarse,
desnivelarse al compás del viento fresco
viernes santo un papel tambaleándose,
un pájaro cruza el sol
sobre el cemento cálido de nubes
                    extemporáneas
flotando azul jazmines,
azul Isabel II,
gorjeos de pájaros que nacen
pío-pío-pi-que-te-pío
entre ruidos de automóviles
como astronautas invadiendo la luna.
Trato leer no puedo me levanto
y co-co-ro-có un carro que enciende como
                    que va pa' Marte.
Prendo un cigarillo,
abro mis piernas y me siento mía.
Me duermo al dolor de los sueños
al despertar hambre de mundos
queriendo nada de la vida,
sólo estar desnuda,
desmaquillada y suelta, el pelo suelto,
los pies también, descalza,
tolerando el pasado que se cuela
nítido entre telarañas de este día,
mientras el sillón se mece solo,
las plantas gimen por
todas sus vías de vida venas
como delfines buscasol.

88

Y tú junto al mar en la distancia
borracho me saludas.
Y yo ebria de mi nada te contemplo
contemplando
las paredes de todos los aposentos
derrumbarse.

En un plato de arroz con habichuelas

Dibujando en la arena de un desierto
luego que las personas se sumergen
en un plato de arroz con habichuelas
me interno en reinos de mi alma.
Como saludando un helicóptero
a la distancia observamos
la vida de la mente
saltando gongolíes para no pisarlos
aunque nos asusten de inmediato
con su inesperado gracioso móvil letargo.
Las hormigas nos rodean.
Un pájaro negro exquisito usurpa la yerba
reinando emperador de silencio
en tonos atónitos y extraños luz de sol.
El día se realza en el instante pleno
y piensopiensopienso en todo lo que no
       hemos hecho.
Como los gongolíes,
Como el pájaro emperador de la yerba.
Y de pronto en pantalla ante mis
       ojos desvelados:
Soy el gongolí.
Soy el pájaro emperador.
No sé donde es mi casa.

Dame cinco-veinte

Dame cinco veinte que me voy de viaje
con la palabra en el bolsillo desplazada
que me siento extraña
queriendo no queriendo estar con alguien
que me ame que yo ame
sin mirar mis uñas de los pies pintadas
brincando caminos a falta de tiempo
en los murmullos de la televisión
y de aves nocturnas al vuelo
de la noche que se contamina por lo
          que no pasa
viéndome pasar rasgando estrellas.

Paseo dominguero

Hoy amaneció sueño de espuma,
sueño de esperma,
sueño de miembros flotando entre la nada.

Me fui a la plaza pública
donde niños jugaban al esconder
mientras yo intensa saboreaba un chocolate.

Pasó entonces una alfombra voladora
por entre la estatua Cristóbal Colón.
Extendí mis brazos.
Me agarré a los flecos.
Extendí mi cuerpo
y me fui de paseo dominguero.

De ocho a cuatro y media de la tarde

Son las dos y veintitrés de la tarde.
No hay periódicos que leer.
Los pantalones rojos van
y vienen de un escritorio a otro.
El ruido del aire adormece.
Las maquinillas escriben esporádicamente.
Las manos se mueven de vez en cuando.
Se escarban los ojos, la nariz, el cuello.
Las cejas arqueadas proyectadas
          hacia arriba
atienden el vacío de los seres.
La maquinaria maquina
contra la imaginación
como el ascensor que va y viene
de ocho a cuatro y media de la tarde.

Para cumplir con la noche

Hay que cumplir con el día
aunque no hay nada que hacer,
aunque los escritorios se multipliquen
        vacíos
y a los archivos les falten papeles.

Hay que cumplir con el día,
hasta llegar a casa
y desnudarnos de toda pretensión,
para cumplir con la noche.

Sinfonía del todo y de la nada

I
Bella es la noche
cuando en la soledad escribo
con pedazos de espejo roto
la amargura de sillas desencoladas
de pianos que no suenan
de poesía que no tiene ritmo
de bailes que no se bailan
de comida que envenena
de aviones que no se vuelan
de agua que no moja
de fuego que no quema
de niños que no lloran
de flores que no florecen
de gatos que no maúllan
de perros que no ladran
de agujas que no se ensartan
de caminos que nos llevan a la nada
de viajes que no merecen la pena
de plantas muertas
del desierto
de un beso en el vacío
de una mano sola que aplaude
de los muertos
de los vivos
de la sangre
de una pintura al revés
de un libro que no se lee
de un rompecabezas que le falta piezas
de un carro que no corre
de un barco que se hunde

: de las guerras
: de los pobres de la tierra
: de tentáculos que nos agarran
: y nos sueltan en el vacío
: de peces que no procrean
: de bombillas que no alumbran
: de velas que no se prenden
: de sillones que no mecen
: de animales enjaulados
: de brujas sin escobas
: de la cuerda rota
: de una flor sin pétalos
: de peces sin escamas
: de gatos sin pelo
: de árboles sin hojas en el verano
: de una pluma sin tinta
: de un niño mudo
: de un viejo sin zapatos
: y de este bolso de trucos
: y del amor todo tristeza.
:
:
: II
: Hay que creer en la alegría.
: En las visiones de la energía de esta tierra,
: a pesar de la política del amor
: de la inocencia
: del odio
: del sexo
: de la cobardía
: de la malicia
: de la ropa

96

: y la comida
: de gustos
: de manerismos
: de los amigos
: de los enemigos
: de los confundidos
: de la familia y del empleo
: de las calles
: de los cafés
: de los que recogen basura
: de los que guían taxis
: de los idealistas oportunistas
: y de los oportunistas idealistas
: de los intelectuales
: de las organizaciones
: de los artistas
: de los que creen tanto que no creen
:   en nada
: de los mártires y de los déspotas
: del dormir y el despertar
: del caminar
: prender luces y apagarlas
: de música bien escogida
: de poesía de buen gusto
: de vidas justificadas
: de lo controversial y de lo aceptado
: de lo que vale y lo que no vale
: de la arbitrariedad de los tiempos
: de reglas de segundo que no sirven
:   al minuto
: de minutos encapsulados

de la obsesión del tiempo
de la fama
del saber
de la ignorancia
de la lucha de los pueblos
de la lucha de mi yo
del todo y de la nada
Hacia el infinito de la paz del universo
                recreándose
sólo él en mi alma sola mía,
porque hay obreros y hay patria
y en un pedazo de tierra, revolución.

Cascada de Sol
1972-1976

Cascada de sol

Mi mente es fértil
Para a pesar de tu crueldad
Poder amarte.

Me río en mi corazón
Vidente luciérnaga trigo
Despierto sol de día que es noche
Tu risa fría como el silencio
No penetra la ancha hoja
Esbelta florece el jardín
Desierto de tu amor ausente.

No quiero comer como la gente come
Mi luz un valle de diamantes verdes
El río que siempre fluye por mi mente
El cucubano incierto de aventuras
Me basta como pan para el castillo
De torres que relumbran siempre ciertas
Agarrar nubes fuertes por el pecho
El meteoro abierto de tristeza
Se abrirá como camándula madura
Vientre pleno alimento de ladrillos
Se derrite en la cascada de sol.

101

En desamor

Fuente mujer muriendo en desamor
Buscar en el misterio que no explica
Tengo una rabia adentro que es tan rica
La fuente que se muere en desamor.

Misterio seco oscuro sin clamor
Viales con campana que repica
Relinchos de un caballo que replica
a la fuente mujer que se hace flor.

Capullo de una rosa en eclosiones
Estalla tu alto vuelo ungido
De libertad amor a borbotones.

Flor fuerte ruega a pájaro sin nido
Correr con el caballo en explosiones
hacia la dulce patria amor rendido.

Retratos

¡Qué muchas lágrimas guardan
los retratos viejos!
Como un sillón de hoy
que fue un hogar de ayer.

Una vez fuimos estrellas en la nieve.
Paseando luego por corredores amplios
    del calor de mesas
regadas por los rincones
sosteníamos las bellas flores silvestres
como nuestra juventud desparramada.
De allí fuimos como hermosas fieras
    relucientes de pasión
al momento de esplendor.

Vinieron luego las mesas del hogar,
las sillas, el sofá y los muchos cuadros.
Se construye así con objetos,
dentro de una realidad de espacio
luego destruido.
Los lazos, cintas viejas en la soledad de
    mis manos tristes.
¿Qué pasó?
No sé lo que pasó.

Ahora en otro tiempo,
se repiten estas mesas
las sillas, el sofá y los muchos cuadros.
El sillón existe hoy hogar presente.

103

Un cisne morirá algún día,
pero antes aletea
creando nuevas dimensiones en la
        misma esfera.

No importa la pobreza de la realidad,
        a veces,
para ser de este calor verdadero,
en trópico de hogar,
estrella de todo lo acaecido
y en especial,
Estrella de Montañas.

Discos

Te he traído a mi pasado
en el presente del futuro.
Me has traído a mi presente
con pasado del futuro.

Discos viejos
son de aquí y son de allá
como una vela encendida.

Nuestra ciudad
siempre intacta,
gris, imponderable.

Desde la plaza,
en un banco,
palpo el hombre,
animal de anochecer y
amanecer,
actor del mundo.

Todo es misterio y claridad
a un mismo tiempo.

Aroma
de gardenia

En el Café Riviera,
Sheridan Square

Aroma de gardenia me acompaña
tu amor para mí en invierno.

Arriba hay muchas plantas
en la mesa un jarro de sangría,
mas nostalgia.

Ruido de trenes subterráneos,
de luces ciegas
y de mucha gente
toca a la puerta del recuerdo
de un pasado escrito
en servilletas de papel.

Monstruo payaso viejo

Cara de niño viejo
monstruo payaso viejo
tus pies y manos enormes
tan grandes como tu sexo
tú roíste mi ilusión
tú desmembraste mi cuerpo
tú me comiste entera
para escupir mis huesos
por esa boca de monstruo
de monstruo payaso viejo.

Mi ilusión quedó a tu lado
roída y todo lloraba
al oído te decía
que no importaban mis huesos
y pasaba el día y la noche
suspirando estos dos versos:
¡Monstruo de mi ilusión
tú eres el hombre a quien quiero!

Apareció un ángel bello
para llevársela al cielo
Y mientras viajaba decía
de cómo los niños viejos
se roen la ilusión de ellos
se comen sus propios cuerpos.

Así el payaso quedó
para comida de perros
su ilusión en un infierno
muy especial, muy de ellos

aquél de los niños viejos
que sólo roen y comen
para siempre su sustento.

Mi ilusión con todo e historia
de aquel ángel tan bueno
repetía incesantemente
a las estrellas del cielo
¡No dejen solo a mi monstruo
que él es el hombre a quien quiero!

Una estrella se dolió
de mi dolor tan siniestro
bajó corriendo del cielo
a recordarme al oído
que soy estrella también
y que allá desde ese cielo
podré cuidar para siempre
mi niño cara de viejo.

Cuando él mire de noche
hacia una estrella en el cielo
sentirá ilusión su alma
sentirá su propio cuerpo
amará como yo amo
¡Estrella mujer de Cielo!

Luz blanca

Cuándo amanecerá
El día en que tú me quieras
Cuando la vela ardiente de la espera
Fulgure más que el sol de noche, Amor.
Luz de todo el tiempo
Disuelta yo en luz blanca
De ti, mi amor encantamiento.

Amor, a ti te espero
Concebida ya desde hace mucho
Muchas veces muerta
Y tantas otras renacida.

Amor valiente me tomarás
Y resplandecerá la luz hembra de mi
        ser blanco de luz
Que no quiso morir y trajo, desde
        el desencanto,
Flores abundantes para tejer guirnaldas
        al mal
Que hincaba las uñas más hondo por cada
        flor marchita
Que resplandecía para renacer campos
        de amor
De luz mi luz Yo, viva flor
En carne viva de dolor transformado
En luz blanca de amor.

El tren

No me reconociste amor
Yo que nací de tí

En tierra extraña
Sembraste una semilla

Y como un sol
Nació nuestra palabra

Nos amamos una tarde
En un salón repleto de cuadros

Sombrero de copa y cintas
Se hicieron mundos de encanto

El tren, negro de muchedumbres,
vendría a separar nuestros pasos

Yo gritaba
A las ventanas cerradas

¡Te quiero!
¡Te quiero!

¡Te quiero!
Era invierno...

Mi abrigo negro de piel
No calentaba mi alma.

De un recuerdo

De un hombre,
de dos películas,
una pintura,
del alma y del
presente

Yo sé lo que son las sombras
Yo sé lo que es la nube
Que pasa por encima de una
        estrella dorada
Nube de plata.

Dios, ¡Oh dios! tú me haces mal
Tu m'as fait du mal
Dios, a veces bien
Tu m'as fait du bien

Las sombras se hacen bellas forma de cruz
        luz de sábado
Cruces en ventanas la pantalla otra vez
        de la memoria
Árboles erguidos y desnudos

¡Ahora!
Sombras.

Sin ti

Un poco de amor
flores
–Felicidad–

Entre el amor
y las flores
–Felicidad–

Flores
y
amor
–Felicidad–

Sin
ti
¡ay!
Soledad.

Viernes santo amor

Nació un hombre de la nada
De los cielos
De los ángeles.

Un hombre dios
Había de morir de amor
Mientras yo contigo estaba
Sin saber
Si me querías
Estaba
Mansa
Humilde
En el misterio inaudito.

La música creó lágrimas vida
A un hombre que nació y murió
Yo
Viva
Inmóvil
Quieta
Desde el terror te canto.

Viernes santo amor
Amanezco en una playa
Gris azul
viernes santo amor.

Vuelo
Como alta gaviota transformada
En un cielo despejado intenso y misterioso
De ti, amor, ola arrullo del pasado

Amor envuelto en amable terror
De este tiempo
De mi tiempo
De tu tiempo que no entiendo.

Soy sólo gaviota que asciende humilde
Hacia tu playa azul cielo, deseo de cielo
Amor, viernes santo amor
Miedo que esconde el terror
Entre copas de champaña
Amor de luz mar azul
Ciudad de Dios
A la distancia.

Desde mi mar florezco
En anchas conchas de belleza
Venus de azul que surge de tu mar
Color azul irreprimida
Tejiendo guirnaldas luz de espuma
Donde se vuelca el terror
Y queda sólo el misterio amable.

Amable amor de vida palpitante
Hombre de carne
Como un hombre que nació
De la nada
De los cielos
De los ángeles.

Amor

Amor ensueño de girasoles
Amor encanto de cascabeles
Amor agua de mar
Amor vino de terciopelo
Amor fragancia de fuego en la lumbre
Amor,
para
ti
nada
más
que:
Ensueño de girasoles
Encanto de cascabeles
Agua de mar
Vino de terciopelo
Fragancia de fuego en la lumbre.

115

Creación

Revienta jazmín
leche flor para mí
–Corona de miel–
en mi vientre de mar
Creación.

Amigo

Te llamaré amigo
No quiero despistarme.

La tierra revuelve
Alrededor del sol
Cada veinticuatro horas
Y otras tantas
Para formar los años.

El tiempo es sabio
Se ha puesto un traje nuevo
Y se ha cambiado el nombre.

Se llama Encantado Amigo Mago
Ahora ya no es el amor
El amor mito
El amor de musarañas
El amor que nos lanza al espacio
Del escozor corazón auto creado
El amor egoísta
El amor ciego
El amor mentira.

El mago amor de encanto amigo es.
No musarañea
No nos lanza ya al espacio sino
Que permanecemos firmes
En nuestro radio de acción
Creciendo en el amor
Conscientes en el amor
Al nuevo eterno éxtasis
De la creación —Símbolos—.

117

El trinar de los pájaros
La hoja en su ángulo perfecto
El sol cuando nos mira
Todo el vivir cotidiano
Que es símbolo.

La vida es vida y es metáfora
Nosotros, microcosmos de luz vida,
        como ella,
Metáforas de nuestro tiempo.

Poema en cinco actos

Esta es la historia de un amor que existió en mi imaginación. Lo que se crea existe. Yo creé por unos meses. Yo le di vida por unos cortos meses.

Acto I
Entre las flores de mi pensamiento

Entre las flores de mi pensamiento
nació nuevo retoño
Tú
habías estado mucho tiempo en gestación
Surgiste milagrosamente al ver la luz
de mis ojos negros
y
por mis ojos negros
surgiste
hasta tus ojos ciego cielo
Mío.

Acto II
Tus manos corriendo por mi pelo

Quiero sentir tus manos en mi pelo
Aquí estoy tratando de no soñarte
Y me siento poseída por tu boca
Aquí tan lejos.

Boca. Que me absorbe en su belleza
Delineando en coversación nerviosa rápida
Ese tu espíritu demoniaco angélico genio
Espíritu que muerde
Que me está mordiendo el alma.

No quiero más soñarte
Me muero de deseo
De sentir tus manos corriendo por mi
pelo.

119

Y me siento poseída por tu boca
Aquí tan lejos.

Acto III

Tu cuerpo es forma rara de mi mente

Tu cuerpo es forma rara de mi mente
Para yo adorar no al hombre
Sino al espíritu preclaro eterno de lo bello

Postrada ante ti te adoro espíritu puro
Pura forma de belleza indestructible

Al permitirme morder tu carne
Voy mordiendo el infinito
Voy subiendo a mi infinito de puro amor,
                    pura forma, puro espíritu.
Belleza que me llena plena
En las pulsaciones de mi grandioso océano
sin poder yo contenerla.

Acto IV

Mensaje de Mentes Grandes

(Thomas Mann, Sócrates)

Amado mío,
La belleza es al amante de lo bello
El camino del espíritu
Y el universo todo se estremece
Cuando la mente se postra ante lo bello

Ante ti me encuentro yo
Estremecida.

Acto V
Esta noche soy Penélope

Esta noche soy Penélope
Hilando para deshacer de nuevo
Tejiendo como la araña sueños
Que forjados se fragmentan
Por la mano que no llega
Que llega para hilar de nuevo
Para continuar tejiendo:
Te quiero.

Te quiero
En esta soledad de mi sueño
No soy nada y estoy sufriendo
No obstante soy el todo
Y calladamente espero
Te espero a ti
En la línea de un teléfono
En una bicicleta encantada
En mi memoria
En todos los tiempos de todo mi tiempo.

Te espero en la nada
Te espero en el todo
Te espero en la nube
Y en las estrellas que a los dos nos
                van diciendo:
¡Escuchad!

La música es la vida y la risa,
la tragedia y la comedia.

¡Hay que creer en la vida!
¡Hay que amar!
¡La pena es amarga y como el agua
       nos pasa!
¡Sí existe el amor!

El amor todo lo vence
Decía la prioresa risueña
Aquella peregrina eterna
Que si en Dios creía, en ti creía y en mí...

Nos amaremos
Se acabará la espera
No habrá tragedia
Escucharemos
Disfrutaremos
De la música dionisiaca
El dios Dionisio nos ama
Entre dioses haremos nuestra morada
Con música y con la realidad
De lucha de todos los días como el pan
       de cada día
Obreros de la pasión
Del intelecto
Del prójimo
Todos comemos
Comamos pan
De todo lo que somos y de lo que no somos
Hasta más nunca, y.
Para siempre hasta nunca acabar
       de amarnos

Como se aman las flores
Como abre una amapola roja, bien roja
O florece una naranja.

Y al compás de los grandes salones
            principescos
Mi príncipe se mueve en el universo
Me trae dátiles y frutas jugosas de su
            paraíso bello
De su mente, su corazón, su alma y su sexo
Sexo más rico que toda la espuma de todos
            los mares.
Sexo más exótico que nuestro mangó.

Me darás. ¿Qué me darás? Todo.
Dormiremos juntos algún día
Luego del cansancio de la vida
Y hasta siempre y por siempre, y.
Amor.
Bello.
Bellos.

123

Canción de espera para un niño grande

Me siento llena de ti
obsesionada por ti
en cada carro que pasa
un niño corre una yegua
temprano por la mañana
corriendo lomos de montes
caminando por los muslos
de allá arriba la montaña
llorando de tanto esfuerzo
aún con la oscuridad del día
¡Le tiro el lazo a la yegua!
para coger los caballos
hay que traerlos al rancho
el tío espera, el tío es malo
por mandarme en la mañana
con el frío de temprano
a coger tantos caballos
le tiro el lazo a la yegua
me da trabajo enlazar
con la oscuridad del día
tras día tras día tras día
la yegua quiero enlazar
en la oscuridad del día
sobre el muslo en la montaña
me siento a llorar a llorar
por la niebla de mi llanto
veo la yegua que se acerca
recoge un canto de palo
entre sus dientes lo carga
el rótulo lee: *Tesoro*
y la yegua se lo lleva

Ya un hombre grande recuerdo
el rótulo de la yegua
me siento a llorar en el frío
con la oscuridad del día
espero en lomo de monte
en cada carro que pasa
con mis caballos de años
a que venga mi *Tesoro*.

125

El tiburón

Papá
quisiera
que me llevaras al mar
A convertirme en espuma
(mis pies bailarán las olas)
A sumergirme en la arena
y besar los caracoles

Abrazaré pececitos
que me harán mucha cosquilla
y yo los querré tanto tanto
porque me hacen reír

Andaré trastabillada
siguiendo a los cangrejitos
que lindo juego es
el caminar al revés

Me convertiré en princesa
con una corona que haré
de las algas verdes lindas
que se pegan a mi piel

Y si pasa un tiburón
lo llamaré por su nombre
¡Acércate Tiburón!
para que bailes también
te convertiré en espuma
que besa los caracoles
que se abraza a los peces
y como los cangrejitos

camina trastabillado
para convertirte en príncipe
con las algas verdes lindas
ciñendo corona hermosa
que se pegará a tu piel

Papá
Papito mío
Papito lindo
quisiera
que me llevaras al mar...

Canto
a las
nubes

En el mundo del encanto
árboles vuelan irreprimidos
en puesta de sol amplia,
de línea horizontal tornasolada.

Me siento color de rosa irreprimida sin
        pena ni bochorno
como para saltar la cuica en el espacio
        grande, volando
y plena como el sol que cae y a su
        paso levanta
los árboles de greña rosa.

Saltaré verjas de gozo como las rosas
        de mi jardín
para luego cantarle a las nubes.

Orquídea silvestre

Por haberme dado la oportunidad
de amarte
En mi mundo de sueño de bambúas
Te doy mi gracia como a clavicordio abierto
La música del sueño tu presencia
Sol de ala de pájaro, luz y caricia cierta
Paisaje de abiertas margaritas
La reina canta en el árbol de
silvestre orquídea.

Enjambre de gaviotas

Manos húmedas de sueño
La penumbra de mi ensueño
Mano que viene a mi pecho
Ala de vela precisa
Que navegando camina
Como luces de bengala
A la punta de mi seno
Complementa el ruiseñor
De un enjambre de gaviotas
Tenues, muerden, diminutas
Llegan, tocan a la casa
Emoción de gran señora
Sonríe a su gran señor
Desde la puerta minúscula.

Gota a gota

Gloria de la mañana
que me susurras azul
mañana de sueño rosa
sobre el día de la verja
noche ancha de sentir
lluvia húmeda contemplo
gota a gota en cada lágrima.

Taza de porcelana

Como taza de porcelana
el pasado se craquea
la mente sumergida
en la locura
del amor
intelectualizado
como teléfono interceptado
nombre codificado
realidad del laberinto.

En medio de la desesperación
ensartamos cuentas de esperanza
que iluminan la noche del caos.

Las horas van pasando
regresamos poco a poco, así, pausadamente
sonámbulamente
contando objetos
a la realidad de lo cotidiano
como el poderío del hambre,
luego, los platos sucios.

De alguna manera así seguimos
incomprensiblemente,
encontrándonos
encontrándonos
encontrándonos.

En un ascensor

: Realidad, retrospección, presente
: como las conversaciones son poesía –a veces–
: cuando llega el momento luminoso
: Historial:
: combinaciones de palabras,
: interjecciones,
: monosílabos,
: frasecillas que de tan cursis son geniales
: como memorabilia
: como la nostalgia de las décadas
: como la nostalgia generacional
: –Aquí hay gato encerrado
: Gestos:
: –¿Me envuelvo o no me envuelvo?
: –Oye:
: Efectivamente, van cerrando las puertas
: y el ascensor maúlla MIAU
: –¿Sube o baja?
: –¿Sube o baja?
:   –SUBE
:   –SUBE
: –sube
:   –baja
:   –baja
: –Nena, todo lo que sube baja
: ¡Qué pena!
: Sube y baja
: ¡Qué alegría!
: ¡SUBE! (que es lo principal)
: Y las sonrisas se atragantan
: se esconden

133

se disfrazan
se rehúyen
o se vuelven reflexión
mientras el ser poeta reflexiona
sobre el humor del universo.

Poemas
Siete Cuatro Siete
1972-76

Mención de honor,
Instituto de Literatura Puertorriqueña,
1977

Me he propuesto vivir

Me he propuesto vivir
–meteóricamente–
en constelaciones de realidad
    eternamente cambiante
con conflictos de ala y espuma
como paloma en la máquina mágica
    del tiempo
que es la cuarta –cualquiera– dimensión
    para el que quiera
ascender.

Meteóricamente me he propuesto vivir
como cometa que vuela abajo y se ríe
de las interrupciones de la propia mente
que no cansa - no descansa
desdoblándose en ribetes de hermosura
como sombrillas de flores vivas que
¡E s t a l l a n!

Y me río con ganas de todo lo creado
por el amor que le tengo a la vida
por el amor que le tengo a la muerte.
Allí está mi padre
Allí están los hijos
Allí está el esposo
Allí están las madres
en la pradera inmensa de lo que siempre es
a los ojos del que siempre ve, oye, calla,
    ama y muere.
Y me voy volando hasta el espacio
como paloma de blanco ascendiendo

como un meteoro
Meteóricamente
Al encuentro
con
la
Vida.

¡Qué extraña es mi niña!

¡Qué extraña es mi niña!
Mariana es flaca
como una espiga.
Mariana es blanca
como una espuma.

Tiene boca de capullo.
Tiene ojitos de delfín.

Sus pies lindos van arañando la tierra
como peces saltarines
van arañando la mar.

Mariana

A ti te veré creciendo ante mis ojos
tomando helado.

Soy una mujer que ha sufrido
como todo el mundo
como solamente yo.

A ti te veré creciendo ante mis ojos
y te amaré entrañablemente.

Muñecos en mi mente

Voy a crear muñecos en mi mente
aunque no sepa pintar
aunque los grandes se rían
y no me los compren.
Los cortaré en tela de tafeta
(la tafeta cuesta)
pero ¡qué linda es la tafeta!
hoy todo cuesta.
Y los venderé por ahí
aunque la gente no entienda
que están vivos
como vende el señor en el terminal de
       lanchas sus dulces
como vende el heladero su helado de coco
como se vendía el pan de agua y el sobao
como vendía mi pueblo sus frutos en
       bellos mercados pueblerinos
siempre...
Siempre. Como nuestra tradición que es
       como un dar.

Habrá un muñeco especial para Mariana,
       mi muñeca blanca.
Habrá otro para Annie, muñeca negra.
Vivirán en mí, mis muñecos.
Los haré vivir.
Les daré vida.
Vivirán sin fin, eternamente
como tantas otras producciones contra
       la materia
que viven así, anónimamente,
       ininteligiblemente,

inteligiblemente en el mundo de los niños
donde todo se entiende.

    Nos iremos para el campo
para hacer fiesta de risas con mucha risería
y nos engulliremos de pasteles
y de todo lo demás bien rico
que da nuestra querida tierra.
En la tierra junto al lago.
Lago real, imaginario, lago siempre soñado
            vuelto realidad
allá en un rincón que se esconde.
que se encuentra,
rincón de Cidra que todavía existe virgen
            de puro deleite.
Y aparecen los muñecos grandes:
Paco, Felito y Evelyn.
Dianita cantará la bella diana
            (Es por la mañana).
Cantaremos a los peces y los juncos
Amir suspirando inocente mientras
            contempla el agua correr
mientras las garzas arrestan su vuelo
            perfecto
aplaudiendo aplauso de encantadas alas.
¡Qué bella es la vida cuando nosotros
            muñecos reunidos
cantamos
bailamos
reímos
¡V i v i m o s!

El ser poeta dice así

Estoy entrando al mundo del dolor
y
no puedo
detenerlo –al dolor–
el dolor de las imágenes repetido
repetido
como se repite una copla
una copla que no existe.

Ahora voy a verlo a él
a él
a él
a él
a él
que aunque no sea él es alguien
para pasar las noches oscuras,
las medias noches,
porque ni aun las noches se completan.

Y del pequeño kiosko de fotos se
escapan las
carcajadas –ja ja ja ja ja ja ja ja ja ja ja ja ja–
de las niñas con los zapatacones
de los niños con los zapatacones
seguidos de un mapo sucio.
(Alguien limpia lo que no se
puede limpiar)
No hay por qué enumerar
lo mismo da
da lo mismo.

Por entre y por los corredores camina el
                    ser libre
aprisionado en esta hora
de esta materia
y de este espíritu imperfecto
a menos que no sea
lo último de dolor
el éxtasis del dolor perfecto lo que
                    realmente es.

Se ponen el colorete
hombres, mujeres
niños y niñas
se ponen el colorete.
No hay nada más que máscaras que
                    caminan al infinito.
Las caderas se balancean
entre barras de chocolate.
Soy él –la
la– él sin nombre.
Oculto mi nombre para que no me
                    atormenten más.

Soy todos ustedes
nosotros
los yos, los tús,
los ellos y las ellas
hacia una conjugación infinita.

Y con las uñas pintadas
y con los bolsos

de plantas artificiales
a cuestas
los sonidos de la nada espacial
me embargan.
De aeroplanos por doquier
los aeroplanos
planos
planos
como la tierra plana.

Esto es tensión
que se mide
con las máquinas.
Le haré el amor
a una máquina
no resta más nada
a pesar de que
esta tarde
tuve ansias de abrazarme a un roble.

¡Oh roble de flores rosadas!
de delicadas flores rosadas
que se abrazan al camino
que florecen en la nada
de nuestra primavera irónica
¡Oh roble hermoso de la patria triste ven
a convertirme en flor!

En flor, en flor, de flor en flor, de dónde
vengo y a dónde voy
luego del papel y el lápiz

y del encuentro
con los monstruos.
Nos rodean los dragones
luchamos con dragones
el dragón de hoy, ayer, mañana
es comernos
como si fuéramos coctel de fruta.

¿Cuánto durará?
¿Cuánto durará?
¿Cuánto durará?
¿Cuánto durará?
¿Cuánto durará?
el agua sobre el viento
fulgurando
pesadillas.

Último tango

Estoy ciega
ciega
ciega
pensando que cada cosa pueda hundirme
alucinando visiones de música de más allá
y no resisto colores.

¡Cómo poder vivir si vemos, si se ven y
            están ahí
esos lilas matizados!
y los azules verdes blancos negros grises
de todo lo demás de la complejidad
            de la existencia
murmurando siempre por ahí y en mí
dentro y para afuera por mis poros vivos.

Palpitando vivo
y me ahoga el mundo ¡Oh éxtasis
            de belleza!

Y le temo al miedo de las visiones
porque cualquier línea hiere
y todas las líneas realidad imaginación
            me poseen
y estoy ya demasiado poseída
del ritmo y el sonido con los objetos que
            hablan-todo habla. Y grito:
¡Soy muda pero no sorda!
¡Soy muda pero no ciega!

Hágase la luz

¡Hágase la luz!
para que las estrellas guarden mis gritos.
¡Hágase la luz!
sin palabras que cesan de nacer en la vida
              muerte de mañana.

A veces no quiero que salga la palabra.
Me duele
como flechas de amor
me duele la palabra
por eso no quiero a veces que salga.

Me acostaré a dormir sobre las olas
de mi propia inquietud alma con alma
a dormir con los ojos abiertos a las nubes
              de mi pecho
tendido sobre el río manso
contemplando a la distancia el precipicio
              hermoso
de cascadas
sola, sorda, muda
contemplando piedras milenarias
de la máquina enloquecida de presente.

Algunos días

Algunos días se ven todas las cosas
como el sol que se filtra por la hoja.

Y me intriga la mirada de mi gata
y me enternecen las caricias de mi perro.

Me interesa como el tallo de una mata
se mantiene erecto
la luz que reluce a la distancia
la luz de madrugada
como empapa el viento
la lluvia en claridad de día soleado.

En este día de sol lluvioso
se ven todas las cosas
–la gata, el perro, la mata, el viento–
como el sol que se filtra por la hoja.

Fuera de tiempo

Yo siempre he estado fuera de mi tiempo
elaborando metáforas agua de sal
          líquido espacio
de ríos apócrifos contenidos al azar
siempreviva palabra poesía en carne viva
polvo mágico universo como traje de
          baño rosado
en lo sagrado de caderas de mujeres viejas
en el ángulo del sombrero eterno
          de las islas
estrecho de continentes aguas polares
naves del espacio líquido esta vez helado
¡Oh los icebergs mundos perdidos
para siempre vivos en nueva carne viva!

Campanas de agua hojas de palma,
cocoteros carne blanca consumida antaño
a mi mente tocan
por encima de las bougainvilleas
tenues colores de otra poesía
como la lámpara mágica de la otra poesía.

Escribo una carta al más allá de aquí
en una taza de té figurado clarividente agua
que parpadea, sueña, ondula, duerme
          en el vientre
y sale amarillo hermoso trigo, pan, espigas,
guajanas en flor junto a montañas.

Poema perdido

Ya me curé del día
Es hora de hacer un poema
Es la hora de ...
Es tiempo de ...

Recuerdo tener que marcharme
a otro sitio
de la vida
no poesía-más poesía
con el poema perdido
en un timbre de teléfono.

Y luego reflexiono
en el poema momento perdido:

Había un cielo estrellado de pájaros
de pájaros haciendo abanicos
de pájaros revoloteando al azar
a media luz de anochecer.
El sol bajaba.
Se veía la luz descender, opacarse
mientras entrábamos al mundo del misterio,
al mundo de la luz extraña,
de la luz benévola luego del extremo
fulgurar del sol perenne
de la isla que nunca se apaga
como cuando llueve y de momento las
casas se tornan bellas.
Y las flores se veían contentas de ir
a su descanso
de poder finalmente descansar sus
encendidos colores.

151

Pero aquí en este ocaso sólo domina la luz,
      luz que cae,
que ilumina perennemente la noche
      que amanece negra
hacia el descanso del poema encontrado.

Trinitaria

Hace tiempo quiero
escribir de trinitarias

¡Oh pájaro en flor con tus alas!
¡Flor de pájaro con invisibles alas!
Eres vaivén delicado
y rústico a la misma vez
de tres en tres
de tres en tres
de tres en tres
como las campanitas también
que silenciosamente repicas
repicando en gran silencio
magníficos trinos colores.
Color:
que trina al sol
que se deshace en agua tenue de colores
como color de acuarela
para pintarte color.
Para teñir los espacios
los puros leves espacios
hasta el supremo deseo
de más color
de más color
de más color
Como pájaros trinando,
como campanas tañendo
pintanto
repicando
colores campanas trinos
trinos campanas

153

flor de color
flor de pájaro en flor.
¡Color!
Oh sol de flor
¡T r i n i t a r i a!

Pastoral

I

La amapola está cansada.
Su rojo la cansa y sueña
en estar en la canasta.
Dormida.
Bella.
Contemplada.

II

Juegan entre sí las ramas.
Las espigas se levantan
hacia el sol
y
el organillo
del carro de helados
que pasa cantando.

III

Y hay lodo rojo a la distancia
visto por encima de los cantos
de los niños.

La
niña flor

Va la niña flor
color de sol
como canario
color mangó

como paraguas
para jugar los niños
y celebrar
ambos a dos
rueda color

color de sol
como canario
color mangó

girando globo
fiesta de flor
¡Oh, flor!

color de sol
como canario
color mangó

¡Dulce Canaria!

Llovió anoche

Me levanto sola
como enredadera de mí misma
que me huella el corazón
único amor mío
de mí todo saldrá para mí
tenue y desesperadamente
luego del recuerdo de unos versos
escritos en la mente
antes el sueño
semi olvidados por la mañana
en el trajín del comienzo
en este nuevo día
no tan caluroso
porque llovió anoche
en mi corazón de siempre
para regar la enredadera
que crece, crece, crece...

Se celebra la vida

Se celebra la vida
en unas bambúas
al lado de un caserío.

Se celebra la vida
en este lápiz con punta
que escribe dolor.

Se celebra la vida
conversando con la gente que no entiende
aunque se le diga la verdad bien clara.

Se celebra la vida
en el perpetuo cansancio
cuando las ideas van a parar al
            subconsciente
por no poder acogerse mejor.

Se celebra la vida
en los bellos ojos de un niño
en una casa pobre que no es pobre.

Se celebra la vida
en el tic tac del reloj
cuando nos da la gana
de escuharlo sin miedo a la muerte.
Y
pues así, por eso, por fin —celebremos todos—
cada cual añada, participe, viva,
ponga aquí de sí
para terminar este poema,
para sí,
A q u í:
Se celebra la vida.

Mañana encantada

I

Partí el pan de cada día
Comí el pan de cada día
Encontré en el pan de cada día
Flores para todos mis días
Entreabiertas
Abiertas
Cerradas
A medio abrir
A medio cerrar
De todos colores.
Las flores cantaban
Me abrazaban
Me besaban.
Hicimos rondas de cánticos
De flores pan
De cada día
De todos mis días
Para partir el pan
Para comer el pan
Para encontrar el pan
De flores pan
Toda mi vida.

II

Había vacas en anillos
En anillos relucientes
Negras
Viales prehistóricos
Verdes
Hacían la guardia.

La tierra estaba
Guardada
Por mujeres agachadas
Las anchas caderas gemían
Mientras las vacas pastaban
En anillos fulgurantes
Negras.
Los árboles verdes de antaño
Se agachaban a abrazarlas
En anillos relucientes-fulgurantes
Agachadas
Cantaban
A la tierra.
Hízose la luz
Quedó hecha
En la mañana.
Venus estrella nítida
Fulguraba
Se agachaba
Oía el cántico
Contemplaba reluciente
Relucía
Iluminaba viales
Iluminaba las vacas
Iluminaba mujeres
Sobre la tierra
Se agachaban
Iluminadas
Fulgurantes
Relucientes
Con caderas que gemían
En la mañana encantada.

Lampara mágica

Comían con deleite
se besaban con amor
había dos
había tres
se hacían el amor.
Canturreaban
se arrullaban
se paraban en dos patas
y volaban
en un mundo especial
de seres pequeños
rodeados de gigantes.

Aleteaban en coro
hermosísimamente respondiendo
al toque del silbido milenario sencillo
de un hombre de las islas.
Los gigantes se miraban.
Los turistas retrataban.

El sol apareció súbitamente
golpeándome la espalda.
al volverme vi que no fue el sol.
Era mi amigo Aladino
que estaba frotando su lámpara.
Apareció el genio en un árbol de mangó.
Dejémoslo ahí por el momento.
(A él le gustan los mangós).
Le gusta, además, contemplar.

Los seres pequeños con alas veían
muchos zapatos.

161

Los zapatos se movían en íntimo
        ritmo variado
al ritmo de múltiples alas,
de bellas, bellísimas alas
y plumas de todos colores.

Un niño miraba.
Otro niño se volvió
a contemplar el arrullo mayor.

En la esquina una fuente borboteaba agua.
Agua blanca.
Agua espermática.

Los mangós colgaban en racimos
centelleando sutiles colores
en luz dificultosamente pálida.
Y volvían los turistas de vez en cuando.
Y los de aquí permanecían, como siempre,
        ciegamente contemplando.
Y el lente capta la escena.
Y por encima de todo el poeta vive
        la escena.
Y permanece, sobre todo, la visión
original de estas mismas criaturas
seres especialmente pequeños alados
        emplumados arrullantes
seres que a diario contemplan observan
        a los gigantes seres extraños.
Y retrospectivamente dice el poeta:
¡E s p e r a! Estás entrando al mundo de
        las palomas.

Y te invita a entrar así, diciéndote así,
        contándote así, dos cuentos:

I
Una vez fuiste como esa niña cubierta
        de encajes
y de cintas rosadas y ahora contemplas a
        tu nietecita
jugar en el suelo rodeada de
        palomas blancas.

II
Y una vez fuiste joven y cargabas tu bebé
        en tus espaldas
luego de haberlo cargado en tu vientre,
luego de haberse amado los dos
la bebé es una niña ahora
y tú no existes como antes.

Aparece el genio, nuevamente, desde el
        árbol de mangó
y te dice así:
¡E s p e r a! No como antes. Sí.
        Como siempre. AHORA.
No se existe como antes.
Se existe como siempre.
Se existe como ahora.
Con la lámpara mágica de la _____
        (adivina adivinador)
por siempre construyendo mundos.

163

45
Minutos

Puro placer
puro placer
puro placer
Centelleando: prende, apaga,
prende, apaga,
apaga y prende
como una luz de neón,
como la bombilla que prende en la mente
cuando aparece la idea,
como tu cara joven-vieja-rubia-señora-niña
que camina desnuda por el mundo y
no lo sabe.

Prende y apaga.
¡S O B R E S A L E!
y se me mete por los ojos
con todos esos efluvios de luz,
con todos esos signos de
exclamación ¡ ¡ ¡ ¡ ¡ ¡ ¡ ¡ ¡ ¡ ¡ ¡
y casi me hace chocar.

La poesía es azarosa como el camino,
como la vida,
como estar en este eterno tapón de por
la mañana.
Por encima, por adentro, por
abajo y por todos sitios este carro viejo
con un signo de prende y apaga que lee:
P U R O P L A C E R
PURO PLACER
puro placer.

164

Puro Placer: en una ventana sucia
en el personaje al volante con sombrero
         de jipijapa
que están de moda otra vez muy horondo
muy echado para atrás
muy lleno de propia importancia
dentro de ese carro viejo, sucio
escarruzao, destartalao
grande y no para menos
            CARRO BLANCO:
como para transformarse en cualquier
locomomentoloco
o
cambiando la realidad:
CARRO MÁGICO-carro mágico-
            CARRO MÁGICO-Carro mágico
en procesiones de novias - muchas -
            muchos - muchos
velos de novia.
(Mi tía tenía un jardín una vez - con un
            parquecito y por encima una
            enredadera que decían:
            «velo de novia».
Y ....yo caminaba en ese parque
Y ....yo soñaba en ese parque
Y ....yo era niña en ese parque
Y ....luego me iba al estanque
a jugar
                                    y
A besar el agua y los peces de colores.
Y ....)

165

A H O R A AQUÍ:
Hay una hilera de árboles de velos de novia
todos en fila y en orden en medio de una
           tierra que murmura
palpitante,
de una tierra que suspira,
que está echando para afuera todo su
           ente molecular bello
según se va esforzando en medio de este
           perenne tapón.
Y todo cobra momentum:
como las trinitarias al otro lado de la verja
¡¡¡ D I O S !!!

por esa combinación de colores tropicales
           ¡Ah! se me perdió la palabra
alguien vino a preguntar por las gafas,
alguien vino y me dio los buenos días,
alguien no alguien la maquinaria acaba de
           tocar el timbre.

De colores violentos. ¡Sí!, esa es la palabra
violentos, violentísimos, no hay como la
sencillez ¿ah?, las cosas como son.
Fuschia, anaranjado fulgurante y pálido
           blanco y con color
de rosa y a lo lejos su guardia montada
           un majestuoso árbol de lo que
           me repiten en repetidas
ocasiones — es —
el árbol del m e a í t o.

: Apaga la luz y prende.
: Tengo luz verde.
: Casi me voy de boca
: por encima del tastee freez
: por encima del tastee freez
: por encima del tastee freez
: y se coge la curva tajureando con tanta
:   gente ansiosa
: de por la mañana.
.
: Un mercado de consumo
: al lado de un arrabal
: en medio de la ciudad
: de un arrabal diminuto,
: la mitad se lo llevó
: el expreso,
: con edificios de lujo a un lado
: al otro hay un caserío.
.
.
: Hay que luchar contra el tiempo y contra
:   la humanidad
: insensible, la visión no es siempre así...
.
.
: Un hermoso niño miraba por un cristal
:   hacia como yo
: los signos:
: CONFLUENCIA, SALIDA, AVENIDA:
: Miranda,
: Piñero,
: Domenech -
.
.

167

: ¡Uy! Allí arriba: E L O S O B L A N C O
: Ayer me creí, a veces, siempre, me creo
:   que estoy en el oso blanco
: que estoy en el oso blanco con una camisa
:   de fuerza
: porque hay mucha gente que no quiere
:   ser más gente, que quiere ser sin
:   ser lo que se es peor
: que las máquinas que, a pesar de todo,
:   tienen belleza como creación
:   funcional del hombre.
: Mira una mezcladora de cemento,
:   es realmente bella si tienes
:   sentido de diseño, de la línea,
: de aventura y de un paquetón de cosas,
:   para encontrar la belleza en la
:   realidad del momento.
:
: Y siguen los carros run ruuun ruuun ruuun
:   ruuun ruuun...
: obstinadamente
: obstinadísimamente al infinito del tapón
:   hasta estacionar
: para atender, por fin, el timbre de la
:   burocracia que nos quiere
: poner a funcionar
: a funcionar
: a funcionar
: como si fuéramos muñecos de cuerda.
:
:

Funciono. Sí. Funciono.
Porque me da la gana.
Porque me da la real gana.
Sí.
Hasta pronto
hasta tarde
para volver al carro
e irme para casa
paracasa paracasa paracasa
por la noche:
a contemplar una rosa.

El Amor es un Periódico de ayer 1977

Beatriz Echegaray

Escaleras

Quiero tener un hijo tuyo, mío
Que suba escaleras con nosotros

Tú dices que te agrado
Es tan difícil hoy en día decir
¡Te amo!

Quiero tener un hijo tuyo, mío
Que me ame mucho cuando estés cansado

Quiero tener un hijo tuyo, mío
Para que puedas estar solo cuando quieras
Para no estar yo sola

Aunque se vaya y corra mundos
Quiero tener un hijo tuyo, mío.

Solitaria embarcación

Acaso sin querer me llenas tanto
Que mi alma y mi cuerpo se confunden
Se saben mutuamente solitaria embarcación.

Agua
en la casa

El agua se mete en la casa
El agua se mete en los cuartos
—La puerta esta abierta—
Me arropa
Me ahoga
Tu amor.

Instante de montaña...

Instante de montaña
Sentido sola plenamente
Aun fuera de tiempo
–Ambivalente–
Me transforma
Tu presencia ausente.

Comencé
sin ti...

Comencé sin ti
Contigo a la distancia
El salto era terror
Me refugié en la ignorancia
Suspendí los trenes
Que corrían por mi mente
Para esperar humildemente el trigo
Perdona mis debates fatuos
Mi pobre acercamiento sin motivo
Quería amarte
Trataba de esconderme y no podía
Te amaba irremisiblemente muda
Hoy sin ti
Contigo a la distancia
Soy triste
Solitario
Girasol.

Hace dos días ya que no te veo

Hace dos días ya que no te veo
He cruzado otras montañas, otros campos

Hace dos días ya que no te veo
Me han mirado con ahínco
He bebido nuevos vinos

Hace dos días ya que no te veo
Cascada de flores púrpura
Guardan la puerta cerrada.

Quisiera no sentir

Quisiera no sentir
Y, sin embargo, siento

He buscado un alma hermana
Que me enseñara caminos
Que caminara conmigo

No importa tanto el camino contigo
Me duele sentirte
Y no tenerte conmigo

No quiero sentir
Y, sin embargo, te siento.

Para ser una carne contigo

Para ser una carne contigo
Es preciso sufrir
Esta hambre de ausencia

Para ser una carne contigo
Es preciso no saber si me amas

Para ser una carne contigo
Es preciso no pensar
En tu cuerpo que adoro

Para ser una carne contigo
Se precisa esta entrega
Que es ciega a sabiendas.

¡Cómo serán los versos que te escriba!

¡Cómo serán los versos que te escriba!
Si supiera ya tu amor
¡Cómo serían!
No sé
Tal vez
Tan sólo te amaría.

Como una
flor de luz

Como una flor de luz
Será mi esperanza de quererte
Como una flor de luz cumplida
Sin necesidad de tiempo que se cumpla.

Las velas junto al lago

La iglesia está vacía
Los cisnes en el lago duermen
La fuente se desborda
Me muero de sed ante tu boca.

El cisne junto al lago está dormido
La fuente a su lado se desborda
La iglesia está vacía
Me muero de sed ante tu boca.

Aunque tú no me ames
Importa más que yo te sienta
Poder sentir de esta manera
Las velas desplegadas junto el lago.

183

Mi cuerpo se contiene

Mi cuerpo se contiene
Se serena
Siente sin dolor
Porque te espera

Mi cuerpo contenido está
Sereno
Sintiendo la alegría
De quererte.

Las luces parpadean

Las luces parpadean
Lejos de ti
Amor ausente
El hombre animal macho
Me rodea y no me toca
Estás presente
Amor ausente.

Porque has leído en mi mente

Porque has leído en mi mente
Porque he leído en la tuya
Amor
Soy tuya
Irremisiblemente.

Las voces gritan

Las voces gritan
El campo duerme
Tu voz
En campo ausente
Es forma de mi cuerpo
Aquí presente.

No quiero a nadie

No quiero a nadie
Sólo a ti te quiero
A ti, amor discreto
Mi cuerpo es hielo cálido
Tímpano pleno para florecer
Sólo contigo.

No sé
lo
que me has
hecho

No sé lo que me has hecho
Querido amor
Tú rechazaste mi promesa
Y me he quedado sola
Aún así, estás conmigo
¡No sé lo que me has hecho!
Querido amor.

Tú me conocerás

Tú me conocerás
Tendrás la valentía
De conocerme
Te hará bien
Reconocerme
Amor
Nos hemos conocido
Desde siempre.

Recuerdo
tu cara

Recuerdo tu cara
Tu mirada
Desde esta oscuridad
Recuerdo el tacto
De tus dedos
Donde había placer
De fruta fresca
Convertida en vino.

La luz es importante para amar

La luz es importante para amar
Quisiera verte
Mirarte plenamente
Desde esta oscuridad
Te escribo:
Quede grabado en el tiempo que hoy
En lluvia
En sol
En noche plena de estrellas
Estaba sola contigo.

Intacto
el temor

Querido amigo
¿Te volveré a ver?
¿Me encontrarás?
¿Regresarás?
Permanece intacto el temor
De no volverte a ver
De no encontrarte
De que el regreso no se cumpla.

Frescura
1978-80

Primer premio,
Instituto de Literatura Puertorriqueña,
1981

A Josefina Arcelay de la Rosa

Nuestra abuela murió
Nosotros momentáneamente nos hablamos.

Al tío Fan (Arrillaga)
en la publicación de su libro
El ayer, el ahora y el después

Hay momentos
cuando a un hombre también
se le debe dar una flor.

A las madres pasatistas
que nos torturan hoy día

De mamá heredé
una buena dosis del pasado.

A las poetas de hoy

El árbol hacia el cielo mira,
duerme la tierra.
El pétalo materno
es la vagina.

197

I.

Frescura de 10 minutos

– 9 –
Tengo un tornillo flojo hoy lunes.
Si pudiera escribiría poemas todo el día.

– 8 –
Esta generación huérfana
se engendra a sí misma.
Es para sí papá y mamá.

– 7 –
Hay un helecho prehistórico en mi casa.

– 6 –
Las muchas cosas que pasan por mi mente
rompen el corazón de lo que siento.

– 5 –
Cada vez veo más claro el sueño
en relación a mi aislamiento.

– 4 –
Junto al mar se recuesta el almendro.

– 3 –
Engendra desperdicios la frescura,
es la inocencia que pugna por crecer.

– 2 –
Yo había querido estar en la casa
y es casa el mundo.

– 1 –
¿Qué querría decir? dirán.
Sólo mi ser.

II.

Frescura
del desafío
y de la ira

Fina

I

No se sabe cómo han de nacer las nuevas
producciones.
—Hace veinte años que me estoy
orinando.
—¡Qué horror!, qué falta de respeto.
—Me sentaré en el balcón a mecerme en
                el sillón
mientras transcurren otros veinte.

II

De fina no tiene nada.
Ataca a su compañera.
De fina no tiene nada.

Hoy me vestí para mí

Hoy me vestí para mí.
Alucinaba
posibles sublimaciones
que pudieran calmar mi ira.
Tenía coraje con todo el mundo,
por mi impotencia, por ser anómala.
Vulnerable recordaba
aquello del cuarto propio
entre realidades que negaban
mi instinto de articular
esa rabia que sentía
por la violencia
que se vuelca avasallante
cuando decidimos ser
auténticas.

Siluetas de añoranza

Ante su propia obra el artista,
su posición establecida,
propició el regurgitar de una
catástofre de formas
correspondientes en la zona media
del sujeto-objeto donde el control
se hace sabio si recoge las siluetas
de añoranza dentro de su propio
lilio-yo.
Se ha desconocido. Desalmado canta.
Tomen cuenta los artistas que aún
cuando esta estéril dimensión sea pasajera
no bastará el sonido de millares de cohetes
estallando en agua mansa para borrar
el patetismo de las formas a destiempo.

Cuando puedo sonreír

Favor me hace el compañero en
    saludarme.
Me ha visto todo el tiempo y no me
    ha despreciado,
había sólo ignorado mis ojos desafiantes.
Ahora que de vez en cuando mira
buscando una sonrisa entre mis labios,
queriendo una sonrisa perennemente
    abierta,
no sabe todavía que como él sonrío
    solamente
cuando puedo sonreír.

III.
Frescura de las mujeres

Aquella negra

*Homenaje a una
negra anónima
del Sur de los
Estados Unidos
y a Agnes Varda*

Me dijo aquella negra una vez
que no ligaríamos tú y yo.
Oscuro como noche oscura era su rostro.
La noche de la historia místicas o locas
hace, dice Varda.
Pero aquella mujer negra americana de hace
tantos años sabía de solidaridad
                  y compasión.
Anticipaba la alegría de los vientres
                  hechos bombas.

A las mujeres que aman otras mujeres

I

Alicia quiere una amiga
Alicia tiene una amiga
Se pone gordita Alicia
Su vientre se pone plano
Busca Alicia su belleza
en el rostro de la otra
¡Viva Alicia!

II

Eras mujer de hoy en tiempo antiguo.
Valerosa articulabas tus amores que
                        eran lícitos.
Madre, mujer, esposa de un mal hombre
se ha equivocado la historia contigo.
No importa, Safo, te quiero.

A las poetas de mi generación

Es un desierto.
Las luces se ven a lo lejos.
Me crece el cabello.
Lo suelto, lo peino, lo aprieto.
Me aprieto, me suelto.
Me escapo corriendo.
Regreso despacio.
Camino.
Qué mucho y qué poco sabemos.
Qué poco decimos, qué mucho pensamos.
Me duele tu frío conmigo, contigo,
¡Qué pena que nos falte amor!
Hablarte, tocarte; tocarme y hablarme.
Escucharte, escucharme.
Saber tu belleza, que sepas la mía,
la pienses, la digas; la piense, la diga.
La nieve que cae construye silencios
creando el vacío.
No es tuya ni mía, no es nuestra.
No hay forma que sepa, querida mujer,
sino hincar tu cuerpo, que hinques el mío
con tus trinitarias, con mis trinitarias
para hacer el mundo que nos corresponde
mientras revivimos el fuego que
mata el dragón, para liberarnos e ir en
busca de eso que yace incompleto mientras
no se cumpla en solidaridad valiente
desafiante el mundo de nuestra poesía
que hinca y que cura, que cura y encanta
que encanta y asciende segura –intercepta
a Ícaro– para establecer el vuelo feliz

donde somos:
chiringas de pueblo, valquirias del trópico,
mujeres maravilla de símbolo autóctono
desde nuestra tierra que clitoriaremos
con la construcción de nuestra verdad.

IV.

Frescura
del terror

Con soltura lenta

I
Vino el miedo súbito, cortante.
Muda debo ser
Con un zipper diseñado
especialmente para no abrir la boca.
¡Muda no!
Poeta, siempre.
Siempre poetas han tenido que bregar con
las cabezas.

II
Eso no pasará,
nadie entrará a mi cuarto
a matarme como un psycho.
Debo bañarme eufórica
con soltura lenta que se
entrega al canto de las
tuberías.

III
Mía es mi lengua.
Va pasando el miedo.
No pueden salir de nosotras/os,
Poetas.

Claro mar

Este es el mundo del terror.
El mundo donde hablan mucho las
            cabezas.
Se queda tanto sin decir.
Se dice tanto sin decir.
Se dice tanto sin saber.
Soy poeta,
irremisiblemente sé,
aunque hablen mucho las cabezas.
El mar claro
de piedras que relucen desde abajo.
Sé
que Dylan está vivo y está bien.
El claro que me toca de momento
bonito aire acondicionado
de un Long Hot Summer.
Ginsberg ama y Tim canta su canción.
Janis, sin embargo, ha muerto.
Es largo el catálogo de
mujeres suicidas:
        La princesa de Arabia Saudita,
        Julia,
        Alfonsina,
        Sylvia y Virginia.
Lame el mar con dulzura mis caderas
en esta patria que crece con mi canto.
René tenía razón.
Podrá quebrarse el tiempo en dos,
en más de dos,
pero este es un poema alegre
como trompo giratorio.

El caballo blanco es lindo
quisiera galoparlo
gime Lorca diciendo amar no es malo.
Para alumbrar
mi tiempo de ave y buey
crece el sol,
el tiempo de Adolfina.

Melancólica camino

Melancólica camino cogiendo fresco,
        aire, calor;
cumpliendo ocupaciones que me impiden
        otras cosas.
Es vulnerable el amor y bello cuando
        se cumple.
No hay nada espiritual en realidad.
La lucha es despojarnos del pasado,
saber que somos los objetos ya,
que hacer el amor bajo un semáforo ha
        cesado de ser controvertible.
Todo lo que canta es nuestro.
La palabra ha sido siempre.
La desconexión mantiene vida.
Nada muere.
La madera en bruto será un árbol feliz.
Es bueno usar lo que tenemos,
integrar el momento del objeto, sin ilusión
        ni fantasía,
es bienestar.

V.

Frescura
de mi tierra

Dice el pez

El lagartijo trepa la pared de vegetales
anunciando el nacimiento de un poema:
Falta la luz, falta el aliento, flota el cuerpo.
Llévame a la finca mi papito
dice el pez a la culebra de la calle
sentado bajo el árbol de la higüera,
las patas abiertas sosegada.
Ven a chuparme el semen,
a tocar con dedos delicados
la periferia del clítoris.
Lame el dulce néctar de mi boca,
enamora abeja el lagartijo.

Variedad silvestre

Esta guanábana es una variedad silvestre,
amarilla y más pequeña que la blanca.
Añade un poco de miel criolla,
el jugo de un rozagante verde limón.
Bebida mañanera eclipsa la pena.
Este gusto ocurre y vive,
conciencia vibrante
de que nuestra tierra disfruta la libertad
del orgasmo
sin discriminación por raza, género,
religión u origen étnico.

Escuchando la Novena Sinfonía de Beethoven

A Lolita Lebrón

Dentro de tu mente te oigo, te adoro
en este momento de líneas torcidas.
Es malo el silencio y son malos
aquellos que lo preconizan.
Grandiosa tu voz me consuela dentro
de huracán de cabezas torcidas que
insisten matar nuestro pueblo.
Señala tu canto con voz solidaria
que el pueblo camina, que el pueblo
ya habla. Silencio agoniza. Macabro
se agarra a su novia Evasión. Van
surgiendo voces de esta patria mía
que atentas gravitan haciéndose ojo,
terrible huracán, me dice calmada,
segura en su silla de mimbre, Lolita,
mujer a mujer. No somos señoras.
Mujeres vibramos, oído en la tierra,
al tiempo que dice su nombre ya es.

Una plaza fuerte

La sábana tiendo. Levanto mis brazos
para enderezarla. Me llega Remedios.
Suspende mis brazos. Se aúpa la sábana.
Nos lleva a mi pueblo. En la plaza estamos.
Llegan los almendros. Sostienen la sábana.
Campamento hecho, decimos al pueblo
que este suelo es nuestro, que este es
       nuestro pueblo.
¡Que nadie nos toque! La sábana crece.
Crecen los almendros. En coito valiente
se une la gente. Pasa poco tiempo.
Junto a ellas sus hombres, paren las mujeres
una plaza fuerte que no se detiene...

A John Lennon, en su muerte, y a Carlos Enrique Soto Arriví

Cumplió 20 en el 60
Cumplí 20 en el 60
Cumplió 30 en el 70
Cumplí 30 en el 70
Fue muerto en el 80, a los 40.

Tu música nos voló el cerebro,
nos creció desnudos, intactos,
intensos.
El campo de las fresas era realidad
para cerrar los ojos y
ver un mundo que nacía.
Dulce la lucha de nuevas estructuras
en medio del dolor de los caídos.
Era mala la guerra sin sentido,
mala la religión que adormecía.
Por eso nos soñamos dioses
creando nueva vida al despertar
de nuestros cuerpos deslumbrantes
que mataba el oprobio aquél de
la costilla.
Surgimos del sonido compañeros/as
sepultándose la milenaria esclavitud,
sencillos e inocentes hacia el paso
del crecer de un pueblo, hasta la guerra
justa de los jóvenes, de un joven
como Enrique, heroico en su pureza.
Vale tu muerte, Quico, por la vida
de Juanelo, tu hermano que canta
Lennon y que vive como vive un pueblo.

Enredadera

Me recuerdan, ustedes, a Mariana.
Hoy vi a Marisol a la distancia.
Creaba en su mundo de escalera,
radiante de agua y luz, la enredadera.

Con mirada sencilla de dulzura,
de su compañero la hermosura,
en prístino enlace establecía,
con su sonrisa genuina y tímida.

Ardiente como el sol sea tu vida.
Profundo como el mar tu amor que crece.
Segura, Marisol, ante la gente

que no sabe de amor ni de poesía.
Porque el cieno su mirada alumbra,
ante las escaleras se derrumba.

Hoja
encantada

Hoja encantada
por los pasos múltiples que da la mente
pletórica de contenido discursivo.
Se ensancha el crecido canto de la reina.
¡Qué muchas aguas atraviesa el musgo
para contar los huesos del gusano!
Forma feliz en perfil, zoología de la mente.
El engranaje es bueno en cuanto humano.
La forma del helecho puro sexo. Librar
            las amapolas.
Vuela el aire.
Derrítese en sudor el nido.
El tronco firme, oscuro es confortante.
Se prolonga en llama el lila ardiente
            de la flor.
Es tórrido el paisaje de relojes digitales
que abrazan las muñecas bajo el
            sol caliente,
ardor del intestino de la nerviosidad.
Se sueltan unas hojas, está peinándose
            una joven.
Refresca un día de verano anómalo.

VI.

Frescura
de mi hija

.

Mariana

I

Estoy segura de tu amor, Mariana,
porque estoy segura de mi amor por ti.
Vence el amor del vientre el amor de
    macho y hembra.
Es fuerte porque aguanta soledades,
incomprensión, discordia e injusticias.
No se muda, no depende de nada,
    sólo es...
Afirmo hoy, mientras me seco el pelo con
    el blower
y te amo no importa dónde estés.

II

Por el dolor que te causé,
mi hija,
por no encontrar el tiempo
ni los medios para hacer lo
que quería,
surgirá tu preñez de ira tan
grande, que te haga ser lo
que tú quieras.

III

Ya pronto llegará mi hija.
Llenará su cuarto de alegría.
Nita, es tu nombre campanita,
campanita es mi Nita. Querida hija,
amiga mía, mi vida, tú, vida.

Repica risa mi niña,
ven a querer a mamita,
como el día tu vocecita,
ven a cantarle a mamita,
ven a darme a ti y a mí,
hija mía, alegría.

Mariana II

Es tan irrevocable la maternidad, Mariana,
pienso sintiendo hasta el dolor el amor tan
completo que te tengo.
Los ataques que hacia mí diriges
            nos liberan
y yo aguanto como aguantan las antiguas
            catedrales.
Sirve esperar. Los que esperan también
            sirven, dijo Milton.
Espero en ti, mi hermosa hija, según crece
tu belleza en apolíneo abrirse a tantas cosas.
Hoy veo tu cara linda y triste que me dice
que has comenzado a comprender.
Te dejo sola, Mari, y te quiero más que
            el cielo.
Sola me dejó mi padre y me quería.
Sola me dejó mi madre por su terror
            y su ira.
Sola me dejó tu padre y yo lo quería.
A ti te dejo sola para que ambas podamos
vivir. Para yo ser persona. Para que tú
            lo seas.
Para que pueda yo en algún momento
            rescatar el tiempo
                para escribir mi más grande poema
            que será para ti.

230

VII.

Frescura del amor honrado

Homenaje a mi esposo, Joe Gutiérrez

I

Quiero decirles
que mucho me costó saber
que el amor
no es solitario.

II

Vino un hombre un día a mi puerta
y ese hombre se quedó conmigo.
Su vulnerabilidad es ternura
que hace dulce nuestras lenguas.

III

Querido esposo mío,
tu amor me ha liberado
para creer en mí
y en mi trabajo.
Para ser tan sólo mía
que pueda liberarte
mi amor.

Sueño
de la rosa

Es la rosa el hombre que tú sueñas.
Una rosa es un hombre que se sueña.
El hombre es una rosa.
Fragancia del embrujo en mi memoria
de ese pétalo te hace movimiento
enamorado, enamorado movimiento de
tu cuerpo cadencioso de hermosura
que segura te convida al éxtasis del
baile. Unidos y libertos, arabesco
concertado, en ritmo acompasado
asciendo creando paso a paso
el salto que tú sueñas y se sueña
–El sueño de la rosa que es un hombre–
fragante y delicado a tu sentir fragante
y delicado cuyo cuerpo en movimiento
enamorado te convida –enamorado
movimiento– al éxtasis del baile.

233

VIII.

Mi frescura

Este respirar

No se esconde el príncipe azul
bajo el hechizo.
Sale a flote esta mujer
que se enfrenta a no ser dulce
para hurgar en miel elemental.

Quiero que sepa todo el mundo
que acabo de cumplir 40 años
que tengo 2 ó 3 canas en el pelo
y mantengo el peso de mis 30 años.
Aprendo a respirar, cobro energía
contenta con haber hecho mi vida.
Me visto de muchísimas maneras
para romper el tedio de los días.
Afianzo el compromiso de conciencia
con la honradez del orgullo de mis canas,
con la renuncia que supone el peso estable,
con este respirar, he dejado de fumar.

Me pinto yo

Qué bueno es mi país
con todo lo que falta por hacer.
Saber:
Que no me pinta el sol,
me pinto yo
si quiero.

Como Raquel

He descubierto que me parezco a Raquel,
a tití Iris
a mi abuela Irene,
a María Luisa,
quizás un poco a mamá,
a veces, en la voz
y cuando pongo el puño bajo mi mejilla
izquierda.
Cuando era todavía muy joven no
        me gustaban
esas mujeres de mi familia.
Crecí y me gustaron los hombres.
Crecí un poco más
y ahora ya he descubierto
que me parezco a Raquel,
a tití Iris,
a mi abuela Irene,
a María Luisa,
quizás un poco a mamá,
a veces, en la voz
y cuando pongo el puño bajo mi mejilla
izquierda.
Valga la aclaración,
que de estas cinco mujeres
dos son solteras
y las demás
tuvieron serios problemas matrimoniales.

Baño
de árboles

Hoy me levanté pensando
que la vida es rica y buena
que vale perdonar los enemigos
que se puede limpiar el pasado
con un baño de árboles.
El baño de lluvia que cae sobre
el campo, que cae sobre el pueblo y las
calles de asfalto.
No por negar la experiencia, sino por
crearnos pizarra que sea
testimonio de nuestro trabajo.
Con el árbol bañado y la lluvia
que baña crecer.

Línea negra

Trazo una línea negra sobre mi párpado,
la nostalgia que me queda de la noche
en sueños.
Me había sentido en paz y exaltadamente
plena
con las manos en el pecho lleno de Dios
respondía al hermoso sacerdote que
lo amaba.
Aquella sensación me suspendía toda
y luego, trémula todavía al regreso
de aquel viaje, me figuraba angelical.
Ahora iluminada veo mis ojos que
inusitadamente intensos me convidan
al fondo de un camino bien profundo
donde está tu cara negra como el azabache
y me entrego al terror de saber cuánto
te amo
mientras añoro comulgar de nuevo
sentir la hostia disolviéndose en mi lengua
saber que ese sentirme suspendida toda
que me causa es lujuriosamente material
y llena cada poro de mi piel que vibra
al encuentro de tu perfecta cara
negra de dios antillano que se confunde
ahora ante el espejo con mis ojos
inusitadamente intensos de azabache.

240

Yo Soy Filí Melé

En ocasiones, la mujer indígena peleó con valentía y fiereza por su libertad y dignidad, incluso en ocasiones desesperadas y sin perspectiva alguna de victoria.

Luis Rivera Pagán

Yo soy
Filí Melé

Yo soy Filí Melé.
Nací del vientre de mi madre.
Estoy enferma de amor y desamor.
Mezclada soy.
He sido construida,
procesada,
alterada.
y negada.
El código quebrado e inconcluso en que
       me expreso se debe a que soy
       casi muda.
Después de Tereo, muchos monstruos se
       han metido con mi lengua.
Lo atroz de la tortura no ha sido suficiente
       para un conjuro total de silencio.
En mi cabeza bulle la sibilante melodía de
       serpientes aprestadas para
       el canto.
Con ellas tejeré de mis desdichas y alegrías
       el relato.

Escolopendra y laurel

El resorte eyaculó la miriada de
 manotazos hacia esa su
carita que, si no incondicionalmente,
 totalmente amaba.
Raudas palomitas sus manitas a desviar
 el estallido convertido en picoteo
 de manazas en turbulencia
 enlazándose a las manitas nerviosas.
¡Oh, el nido de los golpes!
Descarrilado ataque de dolor
 escolopéndrico catatándola.
Y fue añicos su mente.
Y fue añicos su mente.
Vuela ella a un frío lugar.
Busca ella asimilar la sombra de la ira a
 su ternura.
Consciente el golpe había sido.
Dolor dolor y más dolor.
Catatonía.
Pandillas narválicas la taladran.
Las matas expiran.
La ropa se amontona.
LLora llora llora.
¡Cuándo la reconciliación!
Cuánto tiempo más –¡Oh Nora!– hasta que
 tu portazo transfigure el reino.
En el fondo del abismo come hojas
 de laurel.
Y espera.

244

El néctar del silencio

Busqué los indicios en mi mente
La flor el aire la saliva el cuerpo del poema
 en fin
Oh, tos de plumas torturante del cisne el
 encanto atrapado
Agua, quiero agua que mitigue el espanto
 de esta sed
Esta sed de un vacío de las miles de
 palabras catatando.
Me quemo, me ahogo, de la nada estoy
 muriendo
¡Oh, erótica del deseo ausente!
Sueño belleza que me abra en dos en mil
 en pedazos incontables que
 me abra
Que me quemo que me ahogo de
 esta nada
Solo el canto me define me libera
Solo el canto esculpe la belleza posible de
 mi cuerpo
Del cuerpo del poema al poema que es
 mi carne.
Me he convertido en silencio.
—Espera:
Es el silencio de Dafne
De la gorgona reivindicada
Querida diosa, Medusa,
para matar el dragón que odia los anillos
 de luz de las cabezas.
De las mujeres las cabezas.
El fuego es nuestro.

245

El silencio reverbera.
En el lago pace una hermosa oveja.
Sobre las ramas un tigre y oso se aman.
Llueve dulce el arcoiris de melaza
              y chocolate.
No obstante el desperdicio,
A la vuelta de la esquina espera el néctar.

Rayuela

Entró en órbita ese momento
Imposible enchufe locamente ansiado
Jeroglífico
Telaraña
Rayuela
Laberinto
Exquisitez del siempre
diferente
éxtasis
Desnudez
Encajes / Anarquía
A la sombra de un árbol
Alta tensión
Está en su punto la mujer
pero yo no la quiero
Quiero la tierna.

Plural intensidad

Filí se hace el amor
embargada del sonido del canto de
los pájaros.
Encantado rítmico gorjeo
el género desapareces y suscitas el rítmico
placer del árbol,
de las amapolas la plural intensidad.
De intensidad el árbol se derrite y la
amapola henchida goza.
Evocan sus gemidos los olores primigenios
de azahar.
Filí se tiene a sí misma y no es eso
poca cosa.
No es ella poca cosa.
¡Benditos los días del deseo de Filí!
Siente. Recibe. Completa está.
En vuelo inédito asciende su placer.
Ella:
a sí misma se salva,
a sí misma se ama,
a sí misma se tiene.

248

Árbol

Es árbol la mujer.
Su savia es la energía contra el juego
                    de poder.
Poder:
Amor de las mujeres.
Amarnos las mujeres.
En claridad seguras
La escala no es secreta.
La dicha del andar, Filí,
La arena es nuestra.

Marta / Filí

A Marta Pérez

Marta, me gustan tus pantallas.
Me gustan tus sortijas.
Me encanta el movimiento de tus manos.
Me gusta como pintas.
Me gustan tus paisajes misteriosos y
      lunáticos.
Me gustan las piñas que les echas a tus
      plantas.

Felícita / Filí

Tu valentía, coraje y belleza encarnó en
        Felícita, Filí.
Amaba el orden.
Pulcros, nítidos, felices descansan los
        juguetes.
En su anaquel erguidos y bien puestos
        pregonan su cariño:
–Felícita/Filí–
Ofrecen testimonio de tu amor.
Tú eres Filí.
El mundo de tu niño es el orden de tu vida.
Vale cuidar el orden, Filí.
Cuidar.
Cómo cuidar el desamparo de Filí.
Es hermosa Filí.
Se atavía y engalana como Istar
como parte del orden de su vida.
La transgresión es orden para ella
porque responde al orden de su vida.
El orden de su vida es un acoso
burdo, primitivo, cruel en demasía y, desde
        luego, desigual.
Felícita/Filí alucina a veces que el orden
        de las cosas sea feliz.
Filí ha amanecido hoy pensando alucinada
        que la víctima –que
siempre carga con la culpa– merece
        defenderse.
Filí inicia su carrera hoy,
carrera de muchos siglos por llegar.
Filí transformará el orden de su vida.

251

El torbellino de choques que acaece marca
    el respeto ansiado hacia un
    orden nuevo.
Ha llegado Filí a la dignidad.
Lo violento del acoso la impele a
    trascender.
Con Filomela vuela
intacta la garganta para el canto.

Felícita Cancel Ramos, joven madre puertorrique-
ña, de veintiocho años de edad, murió en un
choque, el lunes 12 de septiembre de 1988, mien-
tras era perseguida por la policía, luego de que
se le acusara de robar ropa en una tienda por
departamentos. Felícita era drogadicta. La poli-
cía disparó varias veces contra el vehículo que
conducía Felícita. En defensa, Felícita impactaba
autos a su alrededor, hasta el golpe final que la
dejó sin vida.

Rosa / Filí

I

La crema de su piel limpia de arrugas
es el trasfondo clásico de unas facciones
            precisas.
Plácido su semblante es
como anómalo día en Isla Verde.
Se afeita y no se irrita.
Es un dechado de calma el hombre.
Su voz inteligente y reposada
es testimonio de lo seguro que se siente.
Pausadamente te ama a ti y a sus tres hijos.
Ardorosamente es correspondido.

II

Tu piel, Filí, exhibe surcos
que conspiran contra la placidez de tu
            semblante.
Tus facciones se han hecho borrosas.
A veces se retuercen en pinceladas
            barrocas.
Como pan de cada día, al fin, tus afeites
            no te irritan.
Te irritas tú de cuánto, a fin de cuentas,
            pesan.
A menudo tu irritación se torna en
            estridencia
que conspira para ocultar tu inteligencia.
Calmada no eres, Filí,
segura no te sientes.
Para tener —y mantener— su amor debes
            hacerte alpina

al punto de escalar bastantes cumbres
borrascosas.
Es excesivo, en realidad, lo que debes
hacer
para ser por él y ellos pausadamente
amada.
(El padre es el ardor
Madre es la pausa)
Aún así, algún día podrá marcharse
con alguien cuya tez sea como crema,
cuya voz sea reposada y dulce,
cuyo semblante plácido enmarque unas
facciones precisas.
Filí, te quedarás con lo que sabes,
no es eso poca cosa.
Y, quién sabe,
acaso se quede contigo.
(Por qué abandonar tanta ventura)
No importa lo que ocurra
te tienes a ti misma.
No es eso poca cosa.

III
No se ha marchado.
Tú te has marchado, Rosa, Rosario, Rosiña,
Rosaura/Filí.
En ese camino nuevo
crece tu nombre.
De tu semblante
huyen los surcos.
En el contorno

de una pincelada precisa
se afinan tus facciones.
Calmada eres.
Las cumbres borrascosas del pasado
se han convertido en paisaje feliz
de tu cintura grande.
En desafío de aquél que no entienda
                    tu cuerpo
ondula tu cabello.
Inteligente eres, Filí,
en rescatar tu vida.
No es eso poca cosa.

Sor Catalina / Filí

Sor Catalina era gorda.
Era grande.
Un poco torcida
y coja además.
Ahora la veo subiendo escaleras,
subiéndose un poco la falda del hábito
     negro.
Es ancho el zapato.
Su pierna cubierta de una media blanca es
     ancha también.
Sor Catalina no es linda.
Es dura su cara.
Un volantín con cola de cintas a veces
     ligero la surca.
Entonces sonríe.

Sor Catalina era nuestra:
de Carmen, de Gladys, de Mini, de Vivian,
     de Marian, y Laura.
Imponente, invencible, un día murió.
Vestí un vestido violeta.
Me fui con la gente a enterrarla.
La tierra volaba hacia el féretro mientras
     crecían mis caderas.
Un volantín con colita de muchos colores
     voló por allí.
Hoy al mirarme al espejo, Filí, descubrí
     que eres ella.

Beatriz / Filí

Mi vida depende del momento único
     –afortunado y escaso– en que
     sale un poema.
Me crece la felicidad entonces
como para perdonar el hecho de tanta
     emoción derramada,
como para perdonar haber sido la musa y
     la fuente de pecado.
No hay lirio más puro que mi deseo,
mi pulsación hambrienta de desorden.
Yo soy Filí.
Quiero lamer el mundo entero,
poder tocarme sin nostalgia para nadie
y sin terror de quemarme en las pailas
     del infierno.
Yo soy Beatriz.
Quiero salir sola de noche
sin nadie que ponga su mano sobre mí.
Quiero correr planetas preñada mi cabeza
     de mí misma.
Me acostaré con Diana porque ella sabe
     que a los ciervos se los comen
     los perros.
Yo soy Filí.
Alucino un estupendo paraíso
luego de un gran banquete de lilas.
Viviré para el placer
aunque oscura la calle me amenace.
Un árbol crece en la avenida.
Es Dafne.

Pobre de mí/ pobre de ti

I
Te quiero para mí.
Me siento con derecho.
Aquél de mi reclamo.
Aquél de mi deseo.

II
Yo te cuido.
Tú no me cuidas.
Te doy de comer.
Me dejas sola.
Tú no me oyes.
Tú me abandonas.
Quiero placer.
Quieres poder.
Cuando me quejo
tú me castigas.
Pobre de mí.

III
Hoy se me ha inflado el vientre
y tú no me puedes querer.
Esta sangre derramada
hace redondo mi cuerpo.
Como la luna, la luna llena, así es.
Así me podrías querer.

IV
Eres sólo un pretexto.
Rabiosa, iracunda supe
que no te importaría
si me moría.

No tengo una buena razón para quererte.
Esclavitud o libertad:
¿A quién querer? ¿Cómo querer?

Esta jodida inspiración me impele
a este jodido verso de mujer.
Me ayudaste a crear un personaje.
Por eso sólo te agradezco.

V
Pobre de ti.
Mañana
me comeré
tus huevos.
Fritos.

Monstruo

En esta etapa del desarrollo de la fantasía
    de lo que debe ser una mujer
    sería deseable proyectar una
    imagen de seguridad.
No puedo caminar sola de noche
Debo adornarme desmedidamente para
    que me quieran
o
No adornarme nada para querer sólo a
    los otros.
Me atrapa el camino andado, además.
Cada vez mayor número de personas se
    percatan de mi monstruosidad.
Buscan tenderme la red.

Filomela

La víctima se queja.
Sufre en silencio el abuso,
          la humillación, el desprecio
—dice el hombre.
          Es santo el pudor del sufrimiento
—dice el falso padre.
          ¡Ay de ti que abras la boca!
—la madre falsa dice.
          Te cortaremos la lengua
—dice el hermano falso.
La lengua de Filí no se detiene.

Monstruo II

La madre de Filí no deja que Filí entre en
su casa y eso no está bien
porque Filí la ama.
Se ha convertido en monstruo la madre
de Filí.
Ha sucumbido al amor de su pareja.
Él la cuida y totalmente la posee.
Tan bien la cuida que la ha dejado
chiquitita.
Disminuido su cuerpo,
siempre está sentada henchida de temor.
Su única voluntad es la pareja y la pareja
es un cerco solitario.
Ese cerco que excluye otros amores
también inmoviliza.
La madre de Filí no puede caminar.
En la intemperie Filí se crece alas y va en
busca de un árbol para hablarle.

Ella

I

El día que murió mi madre
fui ella.
Mis manos ocuparon el lugar de sus manos.
Algo en mi cara... sus surcos,
la textura de su piel...
Y sobre todo esa voz...
Oírme fue oírla a ella.

II

pequeña,
diminuta,
pequeño ángel diminuto,
querida madre mía...
Había jugado juegos terribles.
Ahora luce angelical.
Me inspira reverencia.

III

Como país abusivo, cruel, poderosísimo
él ocupó mi vida.
Regó monedas que transformaron
el corazón de mi madre
en oro sólido. (Por más preciosos
los metales no aman, no sienten
ni padecen).
Pero el ocupó su vida también y,
como Sophie, ella tuvo que escoger.
Así, el ocupó el interés de mi hermano.
Su corazón, como el de ella,
creció recio contra mí.

No conforme con nosotros
atrajo hacia sí los parientes.
(Es culto y refinado, elegante y distinguido).

.

IV

Insistía en manosear mi cuerpo.
Yo arañaba, pateaba, me escondía.
Me escapé.
Mi madre y mi hermano cosecharon
    riquezas.
A mí el dolor me creció la cabeza.
Me hizo fuerte el corazón.
No conocí a Duvalier.
No conocí a Trujillo.
No conocí a Pinochet.
No estaba viva para que Mussolini
o Hitler amenazaran mi integridad.
Su ocupación fue total.
Pobló cada instante de mi vida.

.

V

En la intemperie hablé con Dafne.
Lloré mi aislamiento y desamparo.
Mis ayes abonaron sus raíces,
sus hojas y sus ramas.
Erguida en casa amplia,
ella creció protección para mí.

.

VI

Mi rechazo frontal
de todo este sórdido asunto

dejóme al descubierto,
me hizo crecer guerrera
con arma de honestidad.
Mi protesta y defensa nubló
la expresión de mi amor hacia ella.
Pude ser mejor.
Quizás más hábil o más astuta.

VII
Este hombre es malo.
Su maldad ensañada contra mí, sólo
              contra mí,
(puede ser afable, atractivo y hasta sabio)
podría poner en tela de juicio
la veracidad de mis afirmaciones.
Es un enemigo formidable.
Es un hombre malo.

VIII
Por dinero, por placer, por temor,
por no saber hacer otra cosa,
ella fuc presa de él.
Pero ya nada importa.
Sólo mi amor para ella.

Como un bordado

I
Mi vida tiene un bordado
de errores y de tragedias.
Pero a veces escribo.
Entonces recuerdo:
Que crezco.
Que lucho.
Que amo.
Que soy.

II
Y, aunque sea por instantes,
me sano
de la crueldad
de todos los varones
más cerca de mí, cuyos actos
me han marcado.

Y me sano
del abuso sexual de mi padrastro,
de la aquiescencia de mi madre aterrada.

Y me sano
de la traición de mi hermano.
De su rapacidad que confunde
con haber sido un niño bueno.

Hoy, al borde del abismo,
intuyo la condición de un *bag lady*.
Son frutos de la crueldad del varón.

III
Quizás después de mí
venga alguien
que pueda escribir
este tipo de ficción.
Mi victoria es la escritura.

IV
Oigo, siento y padezco todavía
los estertores del monstruo
que ha poblado casi toda mi vida.
Ataca repetidamente.
Me persigue.
Nunca me ha dado tregua.
El dolor, es cierto, fortalece.
Aun la lucha es desigual.

V
Echo de menos la casa.
Echo de menos la tía.
Echo de menos mi madre.
Echo de menos la abuela.
Echo de menos mi hija.
Echo de menos las primas.

Echo de menos hicacos.
Echo de menos el mar.
Echo de menos silencio.

Completa estoy.
Materia de ficción es la nostalgia.

VI

En casa de Filí habita la subversión.
Por eso las primas no me quieren.

Ellas saben.
Pero la seducción del monstruo es
          poderosa.

Es atractivo el placer del comfort.
A menos que no sea el temor
de no tener a quien contar el espanto.

VII

Ahora puedo abrazar mis desdichas,
el honor que ellas conllevan.
Son parte mía alada.
Cabalgo el drágon frente a la luna.

VIII

Mi primo tiene la casa.
Mi hermano tiene la casa.
A mí me dejaron fuera.
He retenido mi alma.

IX

Mi tía me enseñó a dividir.
Mi madre me enseñó a no temer.
Ambas me hicieron amar
el desafío y la inconformidad.

X
Cada vez más de cerca me persigue el
                    monstruo.
Y yo corro corro corro
para encontrarme con Thelma y Louise.
Juntas volamos.

XI
Le debo al verdugo la poesía.
Ha sido la mejor salida a su maldad.
Él hace el mal.
Yo canto.
Como Filomela tejiendo en la red su daño,
escribo.
Por algo soy Filí Melé.

269

Historia
sencilla

I
Soy mi padre en el cuerpo de mi madre.
Ella era fiera.
Él era gentil.

Hermano, eres nuestra madre en cuerpo
de nuestro padre.
Hija, eres tu padre en cuerpo y alma.
Cómo él, tú no me ves.
Tu prima, mi sobrina, es mi hija espiritual.
Su amor es aterrado
a causa de la violencia de su padre que es
mi hermano que es tu tío.

II
Él me abandonó.
Ella me crió.
No me gustaba ella.

Él nos abandonó.
Yo te crié.
Lo amas a él.

El sinsabor de lo cotidiano a ellos no
les toca.

¿Serían sus borracheras razón de su fiereza?
¿Sería por su abandono que no fui
buena cuidadora?

¿A quién amar?

III
Me entregaría a una vida totalmente
     dedicada a los sentidos si
     pudiera hacerlo impunemente.
Soy hija de mi padre.
El cuerpo de mi madre me reprime.
Me resta aptitud para el disfrute.
Echo de menos el talento para propiciar
     el éxtasis.
Una vez pude, ahora recuerdo.
Era joven, entonces.

Si eres joven y hermosa encontrarás placer.
Es difícil disfrutarlo sin dignidad, pensarás.
Tu autonomía está en el gozo.

Las cinco brujas croatas dicen que las
     guerras las hacen los hombres.
Salvo las excepciones de siempre, ellas
     tienen razón.

Primas

No pude resignarme a la rutina.
Me fui de viaje en busca de universos
       amplios.
He sido afortunada
llegué intacta a la ciudad.
Renuncié a los afeites.
Ingerí pociones mágicas.
La nostalgia del olor a lilas será conmigo
       siempre.
Pasé la travesía inaudita de los nombres.
Y las primas siempre
en un mismo lugar.

Victoria

I

Victoria es aceptar mi cuerpo grande.
Mi vientre henchido sin un niño adentro,
    sólo los años.
La cara hermosa de la soledad, después de
    tanto intento.
Sobrevivir, Filí,
tenazmente encanecida.

II

No tienen nombre las esposas, tu sí.
Tú defines tu éxito, a tu manera.

273

Virgen

No me dejará, Señor, el ansia de hacerme
    Santa.
En la contemplación gozosa del mantel
    recién lavado, limpio, asciendo
    en la recatada brisa de una
    quieta flor.
Encarna en mis sentidos la imagen ardorosa
de un pecho henchido de deseo: Es una
    puta virgen santa.
Su éxtasis humano, su pelo caído por
    un hombro
me seduce al arrebato de sus labios rojos
    de eterno carnaval.
Monta a caballo airosa hacia el encuentro
    de las prendas encontradas.
Acá abajo el trabajo también nos santifica.
Sacamos pan ungido en ciclo femenino
    de la sangre.
Iluminados construimos con sudor el amor
    a la pasión.
En cintas de guirnalda fresca una corona
    fértil es de todos/as. Beati sumus,
    beati sumus, beati sumus...

Amada

Despierto tu piel junto a la mía.
Tus brazos se abrazan a mi vientre.
Mis nalgas descansan en tu falo reposado.
Tus brazos ahora caminan por mi espalda,
por mi nuca, alcanzan mi cabello.
Es una sensación feliz, tranquila.
Me siento amada.

Como una hormiga

Como una hormiga
para escribir
he tenido que ocultarme.
La queja de Filí
es el horror del agua que salpico
a aquél/la que ose violar mi obra.
Diluido/a.
Roto/a.
Desmembrado/a.
Por esta sordera plena.
Por este ritmo mudo del silencio.
Las voces de Juana de Arco
eran su voz interior.
Vuelas.
Por esa tu creación inconclusa.
Puedo, debo pensar que puedo,
escribir algo cada día.
Como una hormiga
construyo mi vida
de papel a papel.